走不出門
的國家
馬英九的台灣

邱垂亮 著

目錄
Contents

彭序　005

前言　007

第一輯　**中國篇**

《大國崛起》的迷思　　　　　　　　　　　　020

中國崛起武力威脅和平　　　　　　　　　　　023

窮兵黷武、無理取鬧　　　　　　　　　　　　028

邪惡帝國本質沒變　　　　　　　　　　　　　034

歷史重演 —— 京奧是柏奧的續集　　　　　　042

中國民主化的迷思　　　　　　　　　　　　　049

胡錦濤睜眼說瞎話　　　　　　　　　　　　　054

「中國模式」的迷思　　　　　　　　　　　　060

睡獅醒來會咬人，不會變成和平的鴿子　　　065

再論中國「和平崛起」　　　　　　　　　　　073

歷史見證的一張椅子　　　　　　　　　　　　082

中國求安也求霸　　　　　　　　　　　　　　091

第二輯 台中關係

中國在為馬英九鋪路 102

馬英九的「三不」等同投降 106

與虎謀皮、引狼入室 109

「胡六點」和「馬三不」一樣騙人 116

台灣人民製造麻煩？ 125

不再「終極統一」？吳英毅黑白講 134

中國職業學生趴趴走 140

攏係假ㄟ 145

第三輯 國際篇

物以類聚的邪惡之邦 150

台灣、澳洲與尼加拉瓜 154

台灣前途不在北京和華盛頓 158

澳洲和日本簽訂安保協定 163

聯合國的可恥日 167

「民主協定」向前邁進 171

美國反對台灣入聯公投 176

以台灣名義申請進入UN 182

中國干涉他國內政　　　　　　　　　　187

不要只聽萊斯說的話　　　　　　　　　191

陸克文的中國情結　　　　　　　　　　194

淑女遇到土匪 ── 力拓竊密案　　　　200

人家揚威國際，我們關起門來打狗　　210

一山難容兩虎、美中關係惡化　　　　215

民主腦殘、蘇起黑白講　　　　　　　220

國比國氣死人 ── 南韓和台灣　　　　228

陸克文的「殘酷現實主義」　　　　　234

不對稱的戰略關係　　　　　　　　　239

澳洲拒絕華為　　　　　　　　　　　244

釣魚島風雲　　　　　　　　　　　　249

第四輯　結語　　　　　　　　　　　259

彭序

邱垂亮教授將五年來所發表的時論整理成書,這是他第五本中文著作。

流亡海外二十三年期間,常讀到邱教授的文章,感佩其立場嚴謹,條理清晰,爲文精彩,很是動人,早成爲其忠實的「愛讀者」。但沒有機會見面。

一九九二年回台以後,才有機會在各種會議中認識,覺得「人如其文」或「文如其人」,他純樸踏實,誠懇磊落,頭腦清楚而不裝作。

在民進黨執政時,我任總統府資政,兼任「亞洲太平洋自由民主聯盟」秘書長,常到外國訪問或主持會議(算起來曾到過三十多國)。若是國際討論會,一定邀請邱教授參加,不只是因爲他在澳洲大學任教多年,亦是因爲他每發言不像些以「學院派」自居者,故作深奧,把一句話即能道破的,煞有介事的,轉彎抹角,弄得複雜不堪,爲的是要炫耀博識,衒學浮誇。

我很欣賞邱教授,頗有資深學人的獨特風格,諤諤而談,直截了當,直搗問題的核心,清清楚楚,聽來深入而輕鬆。

　　他一生好運，得到伶俐賢慧的夫人月琴女士的不少內助，應該特記。

　　此本書是邱教授在台灣現代政論史上所留下來不朽的重要足跡，能藉此短序，在其足跡上附上一輕微的手紋，深感榮幸。

彭明敏 2012年8月15日

自序

　　戰前生在苗栗鄉下公館，戰後在石油公司探勘處當電工領班的父親，從南洋回來被派去台南東山，我們一家搬去山裡，一住20多年。在深山裡長大，我的鄉土味根深蒂固。

　　1947年爆發228事件，父親同事被抓，我幼小心靈感受到莫名的殺氣、恐懼，一生難忘。

　　父親在山上礦場爬電線桿、拉電線，雖然做得很好，但到退休，一直當工頭，沒被升等過。上面管他的主管、課長、主任，大多是外省(中國)人，台灣人沒份。他受日本教育，從日本時代就當領班，中國人來也一輩子只當領班。

　　我感覺不平，也感覺生為台灣人的悲哀。

　　從小，我書唸得很好，小學6年都第一名。嘉義中學畢業後，全校第7名，保送成功大學，沒去，參加聯考，考上台大外文系，想當文學家，作夢。

　　在台大，一開始就沒和白先勇、陳若曦、王文興等搞《現代文學》的同學在一起，感覺他們離我的台灣土地、台灣人的心情很遠。

我和幾位台灣同學搞台灣同學會，並當第一屆會長。還選上班代表，要和國民黨推出的代表競選台大學生代聯會會長，被當時的女朋友、現在的老婆月琴阻擋，說是雞蛋碰石頭。

月琴的姐夫在白色恐怖的年代被抓，關了快20年。她談「白」變色，怕國民黨政權怕死了，晚上都會做惡夢。她認爲我有叛逆性格，留在台灣一定反國民黨，出問題，被抓、被殺。她「強迫」我台大畢業後去美國深造，並「威脅」，不去就不嫁給我。

在美國，我在加大(Riverside河邊)唸博士，月琴在南加大唸碩士。蔡同榮也在南加大唸博士，張燦鍙則已在附近的研究所當研究員。我和他們常見面，他們搞台獨，我贊同他們的理念，但沒參加他們的組織。

1971年初拿到博士，知道可能有人打我小報告，不敢回台工作。而且越來越反對國民黨的專制統治，也不想回去。只好抓到機會來澳洲昆斯蘭大學教書，一教41年。

教的是亞洲政治，研究的是政治文化和民主化。一開始就塗鴉，主張台灣民主化，要求蔣家父子解除戒嚴統治、全面改選國會、總統直選，甚至曾在文章裡呼籲蔣家父子下台。

1970年初先在蔣經國支持的「革新保台」、「吹台青」的學者們辦的《人與社會》寫文章，轟動一時，並被請爲社務執委。

《人與社會》由當年救國團主任李煥背後主導，招攬

國內外學者鼓動改革。外省的張京育、關中、沈君山、丘宏達、張忠棟、陳長文、魏鏞、邵玉銘，本省的趙守博、施啓揚，都在裡面。

我文章敢寫、話敢說，被拉去打前鋒。很多後來都當國民黨的高官，只有張忠棟和我不知天高地厚，越罵越兇，留在黨外跟蔣家鬥到底。1999年忠棟得癌死前，我倆還合作要對台灣的民主化做全盤的研究，提案被蔣經國基金會否決。

《人與社會》後替老康(寧祥)的《台灣政論》寫文章。1975年底終於爆發《台灣政論》事件。國民黨用我的文章《兩種心向》把《台灣政論》關掉，說我「涉嫌煽動叛亂」。我被列入黑名單，不准回國。1976年一月我闖關回去，在機場被阻，原機遣返。

1978年在史丹佛大學客座，突然接到李煥的信，告知「問題」處理好了，歡迎我回國訪問。那時他已因1977年中壢事件下台。1978年夏天，我回去，他親自到機場接我，還請我去吃了牛排午餐。

《台灣政論》事件後，繼續在老康的《八十年代》、《亞洲人》、《暖流》、鄭南榕的《自由時代》等黨外雜誌寫文章，寫很多批判國民黨專制獨裁、鼓吹自由民主、支持台灣主權獨立的論述。寫很多，文章火氣也很大。

1980年代還在台灣的《中國時報》、《聯合報》、《民眾日報》、《自立晚報》、《首都早報》、《台灣日報》、《自由時報》、香港的《中報》、《展望》、

《七十年代》(後改名《九十年代》)、美國的《北美日報》等報章雜誌發表政論著作。一直寫到現在,整整40年。

我有壞脾氣、壞習慣,文章寫了就忘,不去想它。文章寫多少,沒記錄、也沒留下。現在想起來,迷迷茫茫,猜想,大概沒幾千、也近千篇吧!

不過,到1989年,我還是出了4本文集:《民主政治與台灣前途》(1976)、《亞洲的政治文化——日本、台灣與中國》(1984)、《民主台灣與中國》(1987)、《台灣與中國——走上不同政治路》(1989)。

這裡不提我的英文寫作,只點出兩本英文學術著作,一是《Maoism in Action: The Cultural Revolution》(1974),二是《Democratizing Oriental Despotism》(1995)。前者分析老毛的文革,指出中國專制政治的頑固本性。後者從文化與制度決定論的不同角度,解說民主化在中國失敗、在台灣成功的理由,基本上論述了我對民主發展的看法。

1989年後,20多年間寫的文章一定比之前的20年要多。但沒再結集出書,原因、藉口很多。生性懶惰是理由之一,但不是主因。主因是,文章寫越多越感覺自己才疏學淺,再努力也達不到文豪、哲人的崇高境界,不能立言流傳後世。

1970年出道,開始寫政論文章時,是有發揮所學要人讀我書、希望影響人心的雄心大志。但寫多了,寫來寫去還是在人權正義、民主自由、主權獨立、反獨裁專制等普世價值的思想、理論範圍內轉來轉去,轉不出已有的典範

限制，達不到「典範轉移」(paradigm shift)的突破，推不出更高層次的理念論述。

連自己寫得都越來越覺得乏味、汗顏。後來變成寫文章不是爲了發揚理念、啓發人性、引領風潮，而是爲了自我心靈、智慧、情緒的發洩。寫了、發洩了就好，不僅不去想別人看不看，連自己都懶得、甚至不想再看。要把一大堆的舊文章細心整理、編輯、出書，實在提不起興趣、找不到勁頭。就這樣一拖再拖，一拖就是20多年沒出專集。

有點不可思議，這種心情發洩的心理作用，大概也是刺激我不停寫作的動力。

還有，更深層的心理挫折，則是中國六四天安門症候群引起的深沈無力、無奈感。我文章寫得再多、民主吶喊的聲音再大，面對東方專制(Oriental despotism)文化、制度的根深蒂固，有如狗吠火車，沒人聽到、聽懂，沒有影響、作用。

1980年代，我文章寫得很多的時候，台灣的民主化風起雲湧，大步向前邁進，中國也文革後推動鄧小平的改革開放，導致「北京之春」、「中國之春」的自由化可喜現象。

那些年我常去中國，在中國社會科學院的政治學所、北京、人民、杭州、復旦等大學講學，講西方民主化的理論，也講台灣正快速民主化的經驗。

因而認識了方勵之(剛死於2012.04.06)、嚴家其、包遵信(死

於2007.10.28)、蘇紹智、王軍濤、蘇曉康、遠志明等改革派
學者和很多北大、人大的學生。

記得曾在我的旅館房間,和包遵信、王軍濤、蘇曉
康、遠志明等人談民主談到天亮,吸了他們一整夜的煙
塵。也和嚴家其在他的辦公室談民主化談了好幾小時,後
來在李怡的《九十年代》發表長文,指出嚴講「人道主義
高於馬克斯主義」的話,害他被社科院的「領導請去交
代」並寫「自我檢討」。也去過方勵之、蘇紹智家作客,
後來還邀請他們兩人來澳洲訪問。我陪著方勵之在雪梨、
墨爾本各地演講一個月,掀起風潮。

在北大演講台灣的民主化,很轟動,講堂裡、外都擠
滿人潮。講後學生們送我很多小禮物(北大的T衫、筆記本、原子
筆等),讓我感動。

1989年,他們很多捲入天安門的民主運動,被關的被
關,逃亡的逃亡,下場淒涼。中國曇花一現的「北京之
春」悲情落幕。到今天,中國的民主化,在共產黨的專制
統治下奄奄一息,看不到願景、希望。

1990年在淡江大學客座,並在老康的《首都早報》當
主筆、總主筆,幾乎每天都寫政論,寫很多急就章,有點
亂寫,不夠深入、嚴謹。

1990年3月台灣爆發野百合學生反「老賊」(終身國代和
立委)的民主示威運動。我也去中正紀念堂靜坐,支持學生
們。

3月底,李登輝(阿輝伯)被國民大會選上連任,要組新

閣，換掉行政院長李煥。李煥請老康和我去圓山飯店吃牛排，希望我們支持他能被阿輝伯提名為副總統。

第二天我寫一篇專論，勸李煥不要爭大位，說台灣政局已丕變，應讓台灣人出頭天，他的時代已過去，跟阿輝伯爭權他必敗。之後，他就不再理我。

1990年代，我也在《民眾》、《自立》等報寫很多政論文章。稿費賺很多，但老實講文章寫得馬馬虎虎，對自己並不滿意。文章寫後也就不太理睬。所以，雖有朋友一再鼓勵，10年中都沒想要出論文集。

2000年陳水扁打敗連戰，贏得總統大位。台灣第一次政黨輪替，民主化成功邁進一大步，被很多人認為是台灣經濟之外的政治奇蹟。

我2001年再回去淡大客座，一「坐」5年。教書外被副總統呂秀蓮拉去幫忙創立台灣心會，並被阿扁叫去當總統府無給職國策顧問(2002)。2003年經呂秀蓮推薦改為有給職，我婉拒，被改為總統府顧問。

有了這個「官位」，我常被請去上電視台的call-in節目(民視、TVBS、東森、公視、客家等)，也常被國安會、僑委會、外交部請去開會、演講，並被派出國訪問、開會、政策宣導、與他國學界、政界對話。以心會理事長之名，也數度帶龐大樂團去美國、日本演出，推動文化外交。

另外，有幸被彭明敏教授看重，跟著他全球走透透，參加由他主持的亞洲民主聯盟的會議，和很多國家學界、政界人士交流。和彭教授一起打拼，是我人生一大榮譽和

快樂，受益匪淺。

那些年很忙，但活得多采多姿，文章也不停地寫，大多登在《自由》、《台日》等報紙。不過一樣寫得太輕快、太浮淺一點，讀讀可以，要結集成書，有欠論述深度。

2004年阿扁連任成功，台灣民主化進入鞏固之門。雖仍根基薄弱，但令人感覺前途樂觀。

2006年年回澳洲隱退，《自由》的言論版政策改變，我的文章不再適用。我也落伍了，寫累了，寫不出、也不想再寫報紙即時時事評論文章。

我當然還是關心台灣，每天一早一定坐在電腦前看internet的台灣、澳洲、美國及其他世界主要報紙，一看4個小時。看了當然有感想，手會養，想寫東西。

沈澱一段時間後，思考很久，決定雖然已從大學退休，不必再做嚴謹的學術工作、寫枯燥的學術論文，但還是不忘情做學問的嚴謹思考、邏輯理論分析人間事物、尤其是政治人物的是是非非。

所以，還是想寫文章，但不要為寫而寫，趕時髦、趕時效、趕發表，而是靜下來把問題研究透澈，論述理路想清楚，再慢慢、嚴謹、細緻寫出有思想理論、實際作用、又平易近人的文字。

同時網路時代到來，突飛猛進，線上(online)刊物如雨後春筍，澎湃發展。發覺在這新媒體上，可以盡情發揮，想寫什麼就寫什麼，想寫多長就寫多長，可以用心慢慢

寫，滿意再登，隨時可登、可改，自由自在。

　　還有，在《民眾》寫專欄時就認識的邱國禎，在李哲朗把《民眾》賣給東森的王令麟後辦了《南方快報》，平面報紙沒辦成功，線上電子報卻辦得多采多姿，在海外頗受歡迎。

　　我就開始在《南方快報》(www.southnews.com.tw)寫專欄。國禎讓我盡情發揮。一寫5年，寫得不亦樂乎。

　　很久以前國禎就建議把《南方》專欄的文章結集出書，我一直沒興趣。理由還是，我是為自己、不是為讀者寫文章。我的文章像我人生，寫了就「塵埃歸塵埃」(Dust to dust)，很快就煙消雲散，不值錢，不值留言、留名。

　　日前(2012.05.04)被月琴催開始考慮出版文集，為了了解一些過去的人事關係，才第一次在Google打上「邱垂亮」找資料。一打開竟冒出40多頁一千七百多條有關我的報導，讓我傻眼。我的文章外，還有很多評我、罵我、讚我的報導，看得我眼花撩亂。

　　以前，別人臭罵我、讚美我，我不聽、不看、不知。知道了，也都一笑置之，從不回應。

　　去年(2011.04.23)台灣國際研究學會辦了一場評論我的「民主理論與社會實踐」的研討會，由我的高足范盛保發表論文，後來也出書。我有聽說，但一直沒去關心。日前查Google，才第一次看了Youtube的紀錄。

　　2004阿扁連任成功，我就應該自我感覺良好，功成身退，不再沾鍋，不再涉入台灣民主發展的漩渦。但就是放

不下，2008年還是關心、插手。謝長廷大敗，還是滿心傷痛。

2008年大敗，因為阿扁留下一個難分難解的爛攤子，可以理解。2012年小英（蔡英文）該贏沒贏，主因是馬英九、國民黨用盡奧步、還聯中（國）打台（灣），用「一中」經濟恐嚇牌嚇壞選民，最後不敢投小英的票。

馬英九統治4年，台灣的國家主權流失，民主自由人權倒退嚕，人民生活也大不如前，台灣人民還讓他連任。小英該贏沒贏，我非常失望，深感憤憤不平，對台灣的國家前途、民主前景因而看壞，悲觀。

對台灣人的民主政治素養的不足，那麼容易被馬英九騙得團團轉，更感失望、無奈。當然，對自己40年來宣揚民主的用心努力，卻似空谷足音、憨人說憨話，沒人聽懂，沒有改善台灣人的政治心態和行為，更是大失所望，傷心透頂。

2012年大選後滿懷鬱卒，回澳洲後沈思良久，想到自已身心老朽，沒路用了。江郎才盡，對台灣的主權立國、民主鞏固發展已無能為力，決定退隱昆大河邊小屋，不再管事，不再牽扯台灣的政治事物。

說真心話，40年來該說、能說的話也說完了，該寫、能寫的文章也寫完了。正如阿輝伯講的，我的腦袋已「鞏固力」，再也想不出、寫不出新的、好的東西。

大學追女朋友的時候，很會寫甜言蜜語的情書，寫很多、騙很多，鍛鍊了後來寫政論文章的功力。還曾向月琴

誇下海口，說將來要寫出一部台灣的《戰爭與和平》。50多年來，她從來沒讓我忘記當年誇下的狂言。

這些年來，她知道《戰爭與和平》無望，但還是嘮叨，不過把目標大肆調降，沒事就要我寫回憶錄。她說我一生還活得滿精彩的，可以寫回憶錄。我總是回應，我的人生「塵埃歸塵埃」，只能留下一堆塵土，風一吹就無無跡，那能留下痕記。

2012年3月，我過了老人的生日，我們也過了48週年的結婚紀念日。她又嘮叨，我無奈，忽然答應，把過去5年的文章看一遍，如還可以，出一本專輯好了。她雖不滿意，但還是高興地抓住不放，「你說的了！不能賴帳！」

就這樣，我把6年來寫的40萬字再讀一遍，感覺也許可以。自我感覺良好的理由有3：1是，這些都是比較能暢所欲言、要寫什麼就寫什麼、卻又想得比較清楚、寫的比較細緻、周全的文章；2是，它們雖不是嚴謹的學術著作，卻也維持一定學術標準，還有一定思想理論脈搏貫穿其間；3是，雖非純粹記史、論史的著作，它們還是我對馬英九兩次贏得政權、決策方向、執政得失的歷史評斷。雖有我的偏見，但也有我的歷史見證。

反正也沒事做，也沒非寫不可的文章，就開始整理6年來寫給《南方》的文字，由許建榮(Mattel)和出版界朋友討論，決定篩選20多萬字分成兩本書出版。

一本取名《空谷足音的南方論述──台灣2006-2012》，評析台灣政治發展，主題包括主權、民主、人權

和馬英九。

　　另一本討論台灣的國際關係，取名《走不出門的國家
── 馬英九的台灣》，顧名思義，內容不言可喻。

　　都絕不是《戰爭與和平》，但希望能是空谷足音。

　　非常榮幸得到彭教授寫代序。月琴最高興，說：「有
了彭教授的序文，你的文章爛也就罷了！」快樂接收了我
的空谷足音。

　　　　2012.08.20(小孫女Caitlin逸嵐出生) 寫於澳洲布里斯本河邊小屋

第一輯　中國篇

　　台灣的最大悲劇就是和中國為鄰。不僅兩國地緣上鄰近，中國硬拗台灣自古就是中國的一部分，制訂《反分裂國家法》，要武力統一台灣，兩邊還有錯綜複雜的歷史、文化、政治、經濟關係，釐不清、理還亂。

　　蔣介石父子被老毛造反趕來台灣，到死都要消滅共匪、反攻大陸、收復失土。李登輝認為台、中是「特殊國與國的關係」，陳水扁則認定是「一邊一國」。馬英九否定李、扁的國家定位，堅持兩邊不是「國與國」而是「特殊地區與地區的關係」。

　　專制中國要統一民主台灣，雖不能說是天地不容，卻也絕對人道不許、不可。

　　中國的專制政治有2000多年歷史，根深蒂固。中國的民主化現在看不到影子。如何看待今日中國？因應崛起中國？要獨、要統？是台灣無法避免的問題。

《大國崛起》的迷思

由北京大學國際關係學院院長王緝思指導，播映前還先由中共中央政治局集體觀看學習過的《大國崛起》電視紀錄片，於2006年11月24日在中國中央電視台播畢，對中共崛起問題，引發各界矚目、討論。

《大國崛起》紀錄片總結近現代歷史9個獨領風騷國家的發展經驗，中央電視台稱，該劇旨在以史為鑑，要讓中國「更自信和從容地立足於世界，去探索自己的強國之路」。

這12集電視片，介紹了美洲新大陸發現以來，葡萄牙、西班牙、荷蘭、英國、法國、德國、日本、俄羅斯、美國等9個國家的崛起過程，解說不同強國的發展經歷，探討崛起的時代特徵和民族個性，同時也指出其相同的發展規律。

以前老毛主張「三個世界」的國際觀，自視為世界革命中心，意圖領導世界革命以推翻既存的世界政治與經濟秩序，此為中國威脅論的歷史根源。當今中國官員在國際場合則高談折衷主義，不再一味強調中國是「發展中國家」，而改稱中國「具有雙重身分，既是發展中國家、也是發達國家」。

此外，中國官方也強調要積極融入現有世界經濟秩序，並爭取在體制內發揮更大作用，試圖消減外國對中國崛起的質疑。為了避免外界對中國崛起與中國(武力)威脅連接，王緝思等一再強調「和平崛起」論述。

中國過去對《大國崛起》的9個大國，均採抹黑詆毀說詞，指責其在非洲、亞洲進行殖民統治，透過經濟剝削完成「大國之路」。問題是，目前中國崛起之路，就是重蹈昔日帝國主義道路。

不僅如此，《大國崛起》紀錄片沒有明講但有暗示的中心議題是「民主」。片中9個大國8個是民主國家，俄羅斯是半民主國家，連同樣正在崛起的印度，也為民主國度，國際社會對民主國家，不擔心會有武力威脅、帝國侵略。

王緝思的「和平崛起」只是空洞的口號，沒人相信。近現代史上，大國崛起，葡萄牙和西班牙兩大帝國的衰落，與其專制獨裁政治制度絕對有關，英、美、法等大國能長期持續經濟高度發展，則與其同時穩步邁進的民主化有關。

發動第一次世界大戰的德國、發動第二次大戰的希特勒的德國和東條英機的日本、史大林的共產蘇聯，都因其專制政治本質，經濟崛起導致軍國主義、窮兵黷武，而發動帝國主義的侵略戰爭，而崩潰。

還有，根據賽恩(Amartya Sen)等發展經濟學家和杭亭頓(Samuel Huntington)等政治發展學者的定論，英、美、法、

日、西歐、北歐諸國的長期持續高度經濟發展，與其自由
社會和民主政治有一定互為因果關係。中國要走經濟自
由、政治專制的大國崛起之路，絕非正道，必敗無疑。這
是可以歷史實踐驗證的鐵桿道理。

(2006.12.13)

中國崛起武力威脅和平

從小讀《中時》和《聯合》讀到大，現在還讀；但是越讀越氣。它們親中反台的統派言論，已走火入魔，讓任何略有台灣心的台灣人不僅看不下去，簡直要氣炸。

這些統派媒體的親中反台言論主軸有3：1. 是迷戀、膨脹中國的經濟發展，看扁、唱衰台灣的經濟現狀和前景。2. 是看不到、不批判、不反對中國殘暴的專制政權，看扁、唱衰台灣成功的民主化。3. 是看不清楚、不願、不能客觀評斷中國崛起就是武力崛起，就是武力威脅，對台灣是明確、甚至立即的危險，對亞太地區、日本和美國雖非立即、卻也是明顯的威脅。

最近，美國加州大學歐文(Irvine)分校教授彼得‧納瓦羅(Peter Navarro)撰寫了一本名為《即將到來的中國戰爭》(The Coming China Wars)的新書，他在書中提到，美國應該採取措施，包括與中國進行直接的經濟對抗，在必要情況下，還應該以軍事行動支援。

這本書的論點將西方國家近年來持續認定的「中國威脅論」，由理論面的論述提高到必須在行動面的反制上有所作為。納瓦羅還提議，美國採取行動遏制中國發展的步伐已刻不容緩。

　　《中時》主筆評論此書時，沒深入分析其實質內容，僅簡略點出其重點後，即引述中國反駁說詞：「中國侵略誰、威脅誰了？」、「中國人招誰惹誰了？」。他替中國領導人講話，認爲他們的疑惑當然可以理解。

　　主筆說，自鴉片戰爭以來，中國長期積弱不振，中國人長期陷於被帝國主義侵略與蹂躪的創痛中，要說中國有威脅，簡直是天方夜譚。除非語意上「被侵略者」對「侵略者」來說是一種威脅，是一種來自落後的威脅，而「侵略」是一種美德，否則很難說明中國威脅論眞的存在。

　　他也引述中國學者說法，中國威脅論最根本的核心是「中國龍」身軀太龐大了，大到不論是站起來還是躺下來都是威脅，在西方人眼中，「臥榻之旁豈容他人酣睡」。

　　問題是：印度一樣龐大、崛起，爲什麼沒有「印度威脅論」？1930年代德國和日本崛起時被認爲是帝國主義威脅，1980年代「日本第一」、德國崛起時，再也沒人提起「日本威脅」、「德國威脅」。理由很簡單，就是專制和民主政治制度不同。

　　中國學者指責，宣揚中國威脅論者都種族偏見，認爲，世界是西方人的世界，也就是以白種人爲主體的單極世界，白種人，也只有白種人才能成爲主導世界的力量。在這樣的世界觀下，只有白種人獲得世界的主導權，擁有對全球事務絕對主導的能力，才算是一個正常的世界秩序，如果白種人的主導力遭到非白人國家，如中國的削弱，那麼，中國就構成爲威脅既有世界秩序的力量。

　　中國人這樣看，但非白種人、如印度人、日本人、台灣人，南韓人、東南亞人並不一定這樣看。很多人的看法是，「不是種族，笨蛋！是政治制度！是價值系統！」

　　中國學者乾脆直說：在西方的世界觀中，不僅中國強大是一種中國威脅，即使他們「毫無根據的覺得」中國好像強大了，也是一種中國威脅。中國威脅論的真正本質，如果以比較極端、比較粗暴的話來概括，應該是西方人在內心深處潛藏有一種吶喊：「中國就是威脅！」

　　這位主筆指出，近年來中共歷任領導人頻頻走出去，奔走於全球5大洲，積極建立雙邊合作關係，希望化解中國威脅論的誤導，甚至中共總書記胡錦濤還特別提出了「與鄰為善、以鄰為伴」的「和諧外交」政策主張，希望實現「和諧亞洲」、「和諧世界」的長程外交目標。

　　但他悲觀結論說，中國新一代領導人要揮別西方世界強加的「中國威脅論」惡名，在可見的未來是不可能的，這是中國在強大過程中的一個宿命。

　　這簡直是荒謬絕倫的論述。全文在撰述專制中國自我解釋、要矇騙世人的狡辯。全文一字不提中國武力崛起、武力威脅台灣、亞洲與世界和平的本質和現實，也不提共產專制政權與現代民主政治必然文明衝突的深層歷史論定。

　　數字會說話，中國經濟發展很快，但2006年中國的GDP還在日本和美國之後，其國民年均所得遠不及日本，更只約美國的10分之1。而且中國還有10分之1的人民

(1億5千萬)生活在一天一美元的貧窮線下，中國的國防預算過去20多年中卻每年增加15％以上，去年已超過日本和俄羅斯，並直追美國。

不只台灣，日本、美國、澳洲、歐盟等民主國家這幾年的國防白皮書，都明確指出，中國快速崛起的武器發展、戰略目的，隱密陰暗，缺乏透明度，加上共產政權的獨裁專制，沒有民主權力分立制衡機制，其武力崛起必被視為武力威脅，武力越大威脅越大。

2000多年來的中國，當然是帝國主義的「中原大國」(Middle Kingdom)，以前視別國為蠻夷之幫，到處侵略人家。鴉片戰爭後被西方帝國主義侵略、欺辱，沒錯，但其中心帝國主義心態沒變。不僅沒變，老毛共產革命後的中國更變本加厲，要重振帝國雄威，國窮人也窮，還窮兵黷武，與美國打韓戰，與印度和蘇聯打邊界戰，還揮兵入侵西藏和越南，當然更擺明了要武力解放台灣，部署800顆飛彈對準台灣，不和平統一就要打。

打台灣，日本和美國插手，中國就與他們開戰。

這樣崛起的帝國中國，專制獨裁，能不武力崛起、威脅亞太和世界和平？納瓦羅的「即將到來的中國戰爭」，正確論述中國武力威脅的確實存在和民主國家應有的清楚認識及戰略因應準備。

《中時》反台親中的統派狡辯，想要混淆視聽，欺騙台灣人，實在居心叵測，可惡、可恨。我們一定要強力反駁這樣黑白講的論述。

(2006.12.20)

後記：二次世界大戰後，美國崛起成為超強大國，但是，不僅鄰國加拿大、墨西哥、中美洲各國沒感「美國威脅」，連反美反了半個多世紀的古巴都不把「美國威脅」看在眼裡。1962年古巴虎口拔牙，在美國後院(backyard)，讓蘇聯部屬飛彈，美國跳腳，但也沒揮兵入侵，只逼蘇聯撤彈(其實美國也讓步，在土耳其撤彈)。之後，古巴「三餐」罵「美國帝國主義」，並先和蘇聯、後和中國聯盟，50年來支持中南美洲的反美活動，美國氣得咬牙切齒，卻也無奈、無為，不敢拔掉這個眼中釘。非不為也，是民主不能。

反看同時崛起的另一超強蘇聯，歐亞各國都感覺到了「蘇聯威脅」的陰森存在。蘇聯併吞北歐、東歐、中亞好幾國外，更派兵入侵捷克、波蘭、阿富汗等國。

2012年中國國力大增，雖仍難與美國匹敵，但已在西、南太平洋、尤其南海和東海，「伸張肌力」(flex its muscles)，讓東北亞、東南亞、澳洲各國緊張兮兮，感覺到了山雨欲來風滿樓的「中國威脅」。

窮兵黷武、無理取鬧

美國尼克森和季辛吉1972年出賣台灣，與中國簽訂《上海公報》，接受「一個中國」政策，承認中華人民共和國(PRC)是中國唯一合法政府，但僅「認知」(acknowledge)中國「聲稱」(claim)台灣是中國的一部分。

1979年卡特(Jimmy Carter)和中國建交簽訂《建交公報》，繼續《上海公報》」的「一中」政策。1982年雷根(Ronald Reagan)再與中國簽訂《817公報》，同意減少對台售武。

1979年美中建交後美國國會通過《台灣關係法》(*Taiwan Relations Act*, TRA)，以國家法律規定美國對台的政策如下：

西太平洋地區的和平及安定符合美國的政治、安全及經濟利益，而且是國際關切的事務；美國決定和「中華人民共和國」建立外交關係之舉，是基於臺灣的前途將以和平方式決定這一期望；任何企圖以非和平方式來決定臺灣的前途之舉 — 包括使用經濟抵制及禁運手段在內，將被視為對西太平洋地區和平及安定的威脅，而為美國所嚴重關切。

為此，美國必須提供防禦性武器給臺灣人民；維持美

國的能力,以抵抗任何訴諸武力、或使用其他方式高壓手段,而危及臺灣人民安全及社會經濟制度的行動。

該法並宣稱,本法律的任何條款不得違反美國對人權的關切,尤其是對於臺灣地區一千八百萬名居民人權的關切。並茲此重申,維護及促進所有臺灣人民的人權是美國的目標。

1982年後,華府一再重申美國的「一中」政策包括3個美中公報及TRA。反看中國一再強調的「一中原則」對台政策,從來不提TRA,視若無睹。也即美國與中國的「一中」意涵有根本不同、矛盾的地方。還有,自從老布希(George H.W. Bush)賣給台灣F-16戰機後,小布希(George W. Bush)又要賣潛艇、反潛機、愛國者飛彈等先進武器給台灣,「817公報」實已名存實亡。

2007年2月28日,美國國防部防衛安全合作署(DSCA)宣佈,將售台218枚AIM-120-C「先進中程空對空飛彈」以及235枚「小牛空對地飛彈」,整套軍售方案約為美金4億2100百萬元。美國防官員近年多次建議,台灣的飛彈庫存量太低,防禦力大減,需要加強。

中國的立即反應是向美國抗議。3月2日, 北京要求美國立即廢棄該項對台售武。外交部發言人秦剛警告美國,該項售武有害台海和平、穩定及中美關係,中國對此強烈不滿,並堅決反對。他還說,中國已向美國提出嚴肅抗議。

對北京的抗議,美國國務院發言人麥考麥克(Sean

McCormack)表示，布希政府堅守在TRA條文之下的對台軍售和安全承諾。麥考麥克表示，這項軍售與TRA是一致的，美國協助台灣取得合法的防禦需求。

麥考麥克說，美國已經解釋，美方的軍售符合「一個中國」政策、3個公報和TRA。TRA要求美國提供台灣防禦所需，以使台灣維持足夠的防禦能力。美國相信中方質疑的這項軍售符合美國的政策責任。

匪夷所思的是，中國一面抗議美國賣防衛性武器給台灣，一面大肆窮兵黷武，大量購買、發展先進攻擊性武器，擺明了就是要打台灣。

據美國海軍情報處(ONI)的消息透露，中國軍方積極從事大規模的潛艦建軍活動，包括5艘新式戰略核動力彈道飛彈潛艦與數艘先進的核動力攻擊潛艦。這種094型新款核動力彈道飛彈潛艦(SSBN)，將配備新的巨浪二型飛彈，射程達8千公里，中國將擁有現代化且威力強大的海軍核嚇阻武力，並大幅提升戰力。

美國國防部高層對北京擴大戰略核武憂心忡忡，包括若干新式長程陸基核彈與類似戰斧飛彈的對地攻擊巡弋飛彈。現在中國擴大潛艦隊引起美官員的關切。

至於中國的核動力攻擊潛艦，ONI表示，中國已建妥093型潛艦，目前正進行試航。中國已出版的報告聲稱，兩艘093型潛艦完成部署，並使用「外國技術」與先進反艦飛彈和魚雷。ONI也說，中國正致力以俄製的基洛級(Kilo class)，自製的宋級與元級柴油潛艦，來提昇其現有的

55艘攻擊潛艦戰力。

ONI表示，中國的海軍戰略主要在於阻止美、日介入台海衝突，但鑑於中國的國際經貿活動日益龐大，對外國原油的依賴加深，也促使北京加強建造水面軍艦來防禦海上航道。除了建造新型驅逐艦外，在2020年前，中國可能會有一艘航空母艦服役，而購自烏克蘭、整修後的瓦雅格號(Varyag)航母會先行下水。

中國全國人民代表大會2007年3月5日召開，新聞發言人姜恩柱表示，中國國防預算將大幅增加17.8％。20年來，中國國防預算每年以兩位數(約17%)的幅度增加，令華府與鄰國感到不安。

姜恩柱說，根據國務院批准的2007年中央預算草案中的國防預算為3500多億人民幣(約449億美元)，比去年預算實際支出增加近530億人民幣。

美國副總統錢尼(Dick Cheney)之前才表示，中國擴大軍備的舉動，與其不斷宣稱要和平發展的說法有衝突。錢尼還特別挑明中國在2007年元月以彈道飛彈擊落太空衛星的測試，進一步證明其愈來愈窮兵黷武。正在北京訪問的美國副國務卿尼格羅彭提(John Negroponte)在被問到華府是否不滿北京目前積極擴軍的透明度時，回答說：「我認為這麼說很適當」。

還有，美國認為，中國每年國防實際支出(非官方數字)約在800到1200億美元之間，僅次於美國。

北京過去將大部分國防支出用在添購潛艦、噴射戰機

與其他高科技武器上。近年來，中國還試驗外太空反衛星武器、研製殲十戰機與發展新一代戰略飛彈核動力潛艦，早已引起國際不安。

總之，天下沒有比這更無理取鬧、荒謬絕頂的事情。專制獨裁、窮兵黷武的帝國中國，一天到晚威脅要武力攻打、統一主權獨立的民主台灣。20年來每年國防預算大增，購買、發展先進攻擊性武器，就是要打台灣，與美國爭霸，卻一再叫囂抗議美國賣防衛性武器給台灣。

面對強勢向中國武力傾斜的台海嚴峻戰略情勢，美國根據非遵守不可的TRA賣防衛性武器給台灣，不僅為民主台灣的安全、更為美國西太平洋的切身戰略利益考量，天經地義，合情合理，也合乎國際權勢平衡的戰略需要，專制中國還要做賊的喊抓賊，惡人先告狀，豈只無理取鬧，簡直是鴨霸、邪惡。

順便提一下，美國的TRA以「台灣」定名台灣，之後從來再不稱呼台灣為「ROC」（中華民國），在美國政府眼裡，ROC已不存在。諷刺的是，美國稱呼台灣為「台灣」，卻不許台灣正名為「台灣」，又不承認ROC存在。連台灣國營企業正名都要說三道四，一樣荒謬絕倫，欺人太甚。

(2007.03.11)

　　後記：2011年12月到2012年1月間，美國華裔菁英組織「百人會」(Committee of 100)，對美中關係進行民意調查，顯示，66％的美國人視中國為潛在且嚴重的軍事威脅；近60％的中國人則認為，不久未來中國將成為世界最大強國，美國會盡力阻止中國崛起。

　　2012年6月27日，中國財政部長謝旭人指出，中國2011年國防預算支出達5829.62億人民幣(約US＄920億)，比2010的5176.35億增加653.27億。中國2011年國防預算約美國的4分之1、俄羅斯的1.25倍、日本的1.5倍，可謂驚人。

　　還有，西方戰略學家大多同意，中國公開的國防預算沒有包含很大的隱藏開支，如鉅額的核武發展費用，也沒包括武警(國安)的龐大開支。一般說法是，公開的數字起碼要加1至2倍才對。也即實際開支，2011年中國國防預算可能近2000億美元，約美國國防預算的2分之1，不是4分之1。

邪惡帝國本質沒變

為了兌現他2008年競選總統時許下的諾言，搶救台灣經濟，馬英九大肆向中國傾斜，已到損害台灣國家主權的危險地步，可謂「請鬼拿藥單」。

為了討好共產中國，他換了位子也換了腦袋，做了由反共到親共的急轉彎，把暴虐中共政權一夜間說成是正在改邪歸正、棄惡從良的革新政府。

北京政權真的在歸正、從良、革新嗎？馬英九不是在中國統一主義意識型態作祟下，一廂情願、自欺欺人，欺騙台灣人民嗎？我們只要看看四川大地震後中國的內外政治發展，讓事實說話，就可以實事求是解答上述問題。

在解答問題前，讓我們先看看馬英九當上總統之前的幾個反共論述和作為。再看看他上台後在中國發生、引起國際注目、被媒體報導的幾件事件。兩者一比就比出真相，找到答案。

2008年初，西藏拉薩傳出中國解放軍血腥鎮壓西藏人民及僧侶，發生暴亂。總統候選人馬英九強烈譴責北京的武力鎮壓；他說，中華民國(ROC)政府對西藏的態度是一貫的，願意讓西藏人自治，藏人有自己的風俗與宗教，必須要尊重。

他甚至揚言，如果他當選，中國仍繼續鎮壓西藏人民，他將考慮杯葛2008年北京奧運。

當中國總理溫家寶宣稱台灣前途應由中國人民共同決定時，馬英九也立即回應。他強調，ROC是一個主權獨立的民主國家，台灣的前途必須由2300萬台灣人民來決定，不容中共干預。他認為，溫家寶的說法蠻橫無理、自大、愚蠢，自以為是，他要表達最嚴重的抗議。

2002年台北市文化局主辦「普世人權，六四事件與兩岸民主進程」特展，市長馬英九表示，過去13年來，每年他都出席六四相關紀念會，因為他始終忘不了1989年6月4日凌晨，在中正紀念堂上的「血肉相連、兩岸對歌」聲援六四民運活動現場，與北京天安門的連線電話中傳來槍聲，偌大廣場霎時靜默，然後長歌當哭、悲憤終宵。

馬英九認為，中共政權對六四未作真正反省；他希望六四在未來終能獲得平反，為維護社會和諧、促進政治民主，作出正面貢獻。

他還強調，中國的人權表現值得檢討，我們不要為了怕中共，就不敢提關鍵性的議題，即使被討厭、因而不能去大陸，也不該就此鬆口、讓步。他說，台北人、台灣人都沒有忘記六四，六四不平反，兩岸統一就沒有條件。

1989到2007年，馬英九每年六四都會參加紀念活動或發表文章。他都嚴厲批判中共政權殘暴鎮壓民運、迫害人權的作法，呼籲中國要自由民主現代化。他說他對六四的關心，主要在於關心「大陸」同胞能否享有自由民主的生

活。

　　但是，2008年520馬英九當了台灣總統，6月4日他發表書面聲明，卻說：「今年六四跟往年最大的不同，就是在3周前，四川發生了大地震，災區廣達10餘萬平方公里，死傷超過40萬人，至少500萬人無家可歸」。他又說：「從大陸官方搶救災民的迅速、大陸首長對災民的關懷、災難及抗爭新聞報導的開放、大陸人民捐輸的踴躍、到對外國救援團隊的歡迎及對台灣救援工作的肯定，與1976年唐山大地震時期的表現已大大不同，國際媒體亦迭有佳評，顯示中國大陸改革開放30年，已有一定的成果。」

　　馬英九肯定中國30年改革開放已有成果，但對一黨專制、六四平反、西藏抗爭、迫害民運和法輪功、打壓台灣國際空間等問題，未置一詞。他似乎完全忘掉了過去所提的自由民主基本人權。馬總統已沒有民主治國理念和自由人權價值觀。

　　何況，他的「中國改革開放30年，已有一定的成果」說法並不正確。事後證明，北京當局在開放媒體採訪四川災情及救災情況之前、之後，都曾嚴格控制、誤導媒體。其對外傳出的中國「官方搶救災民的迅速、大陸首長對災民的關懷、災難及抗爭新聞報導的開放、大陸人民捐輸的踴躍」等正面信息，也都經過中國官方報喜不報憂的管控、操作，並有報導不實之處。

　　後來，受難家屬尤其是被「豆腐」教室壓死的父母的

抗議行動，就受到強力壓制，並被新聞封鎖，不讓外界知曉真相。其他有關救災延宕、失敗、災區官員貪污、無能的真相報導，也被中共宣傳部門壓抑、封鎖。

北京奧運開幕在即，屆時全球觀眾將一睹中國全新面貌與形象，然而，英國《泰晤士報》(The Times)報導指出，前赴中國採訪奧運的3萬多名境外記者，有3分之1意不在奧運，即1萬多名不會待在北京報導奧運新聞，而是要報導中國社會的「真實景況」，這場奧運盛會將考驗並影響中國政府、民眾與外國媒體的未來互動關係。

依據中國對國際奧會所做承諾，境外媒體與記者在奧運期間，可以在中國各地(西藏除外)自由採訪並拍攝紀錄。然而，2008年七月中國官方發布限制媒體在天安門進行現場直播採訪的規定，間接凸顯出官方對自由採訪的恐懼與緊張。

《澳洲國家電視台》(ABC)也報告，外國媒體在長城及天安門拍攝外景，都受到中國公安的阻擾、干涉。

至於對西藏人民、民運及民權人士的壓迫，四川大地震後並沒有絲毫放鬆、改善。最近，國際人權組織、記者無國界，就嚴厲譴責中國當局迫害在網路上發表個人觀點持不同政見人士，稱中國已成為世界上最大的關押網路異見人士的監獄。

在人權迫害方面，中國更沒手軟。2008年五月，中國知名愛滋工作者和人權推動者胡佳再度遭公安逮捕，罪名是「顛覆國家政權」。同為愛滋工作者的妻子曾金燕，則

和剛出生1個月的女兒同被軟禁在北京住所內。

反諷的是，《時代》週刊(*Time*)最近將曾金燕評選為2007年世界百大影響力人物，無疆界記者組織也宣佈將「中國獎」頒給胡佳及曾金燕，結果兩人一遭逮捕、一遭軟禁。

6月初，中國四川維權人士黃琦因不明原因在成都遭官方逮捕，他的母親蒲文清趕赴當地瞭解狀況，但未獲具體說法。蒲文清呼籲各界重視黃琦被捕一事，協助援救黃琦。

蒲文清說，黃琦心很軟、很善良，汶川地震後對災民出錢又出力，結果卻被抓，「我很擔心他」。

45歲的黃琦是中國著名維權人士，1999年設立「六四天網」網站，2006年改設為「中國天網人權事務中心」，是中國大陸首家綜合性人權組織。2000年到2005年，黃琦因「煽動顛覆國家政權罪」坐牢。當時曾引起許多國際組織向中國抗議，指官方迫害黃琦。

對於黃琦這次的被捕，《美國之音》引述美國人權組織「中國人權」說，四川警方證實黃琦被捕，但拒絕透露逮捕他的原因。

根據《中央社》報導，6月底，貴州甕安縣發生公安大樓被燒事件，由於北京奧運快要召開，有廣州媒體收到宣傳部門下達嚴禁報導事件的通知。貴州台商協會會長藍贊登也說，這則新聞已被封鎖。

貴州甕安縣一名女學生拒絕為副縣長兒子抄襲作弊慘

遭殺害，死者家屬到公安報案還被打成重傷，6月28日引發當地民眾不滿包圍焚燒公安局等抗議事件。

在快速全球化的國際政治上，中國支持邪惡政權的動作一點也沒有改邪歸正。2008年七月初，UN安全理事會15個會員國針對制裁津巴布維(Zimbabwe)案進行表決，結果9票贊成、5票反對、1票棄權。因5個常任理事國中，中國和俄羅斯投下否決票，草案未能順利過關。

津巴布維6月27日舉行爭議性頗高的總統決選後，美國7月3日向安理會提出制裁津巴布維案，包括對津國總統穆加貝(Robert Mugabe)及其他13位政治人物，實施旅行禁令及財產凍結等。

這次投票是2007年1月安理會表決制裁緬甸軍政府遭否決以來，再遭中國封殺的提案。

2008年7月中旬，《英國國家廣播公司》(BBC)首度證實，中國向蘇丹(Sudan)政府提供包括「強五」對地攻擊機的飛行員培訓和「東風型」軍用卡車在內等軍援，不但違反UN的禁運決議，這些裝備還被蘇丹當局用於5年前的達佛爾(Dafour)地區種族清洗。

達富爾位於蘇丹西部，5年前因當地黑人和阿拉伯人的歷史宿怨與資源爭奪而引發內戰。國際人權組織指控蘇丹當局，縱容由阿拉伯人組成的「騎兵團」民兵組織，濫殺黑人平民，造成近30萬人死亡，200多萬人流離失所。

7月14日，國際刑事法庭(ICC)檢察官歐康波(Moreno Ocampo)正式向庭上公布蘇丹達佛爾省屠殺罪行的調查證

據，並且要求ICC對蘇丹總統巴席爾(Omar Hassan Ahmad Al-Bashir)發出拘捕令，指控他在企圖用謀殺、強暴與驅逐等方式滅絕達佛爾非洲部落一事上，扮演主謀的角色。

歐康波在記者會上表示，在蘇丹政府軍及其支持的阿拉伯民兵的攻擊下，已有3萬5千人遇害，250萬人在難民營裡過著遭受「強暴、飢餓與恐懼」的日子，「巴席爾執行這場種族滅絕屠殺，不用毒氣室，不用子彈，也不用彎刀。這是涓滴成河的種族滅絕。」

緬甸軍政府、津巴布維的穆加貝和蘇丹的巴席爾政權，都是世人皆知、惡名昭彰的邪惡國家。都曾暴力鎮壓、屠殺反對派的民主人士，發動種族滅絕的殺戮戰場，被認為已觸犯「違反人道罪」，應被世人唾棄、被國際刑事法庭審判定罪。中國卻是這3個邪惡政權的權勢靠山，北京給予龐大金援和軍援，並阻礙UN對它們的制裁，讓它們喪盡天良、為非作歹。沒有中國的大力撐腰，這些邪惡國是不可能繼續存在、作惡多端多年的。

中國在西藏、新疆都在推動種族清洗、文化滅絕的暴政。中共政權的反民主、反自由、反人權的基本面目、政策，並沒有因為30年的改革開放而有實質改變。

然而，馬英九卻在六四歷史時刻讚美中共改革開放成功，實在令人無法苟同。歸根結蒂，就是他的中國統一主義意識型態在作祟。

2008年七月初，香港《文匯報》報導，國民黨副主席關中在中國開會，說出「若國民黨得以長期執政，兩岸水

到渠成的和平統一，是國民黨的衷心希望」的話，引起軒然大波。

　　馬英九也在同時受德國媒體訪問，說「台灣已經是一個民主國家，人民了解自己的需求，如果他們對與中國在政治上統一不感興趣，沒有任何政治人物能夠強迫他們」。

　　壯哉斯言！問題是，馬英九敢不敢向中國的胡錦濤和《新華社》理直氣壯說出同樣的話？

　　馬英九是台灣總統，對台灣國家主權問題要明確說明、強力堅持和維護，一點也不能有摸糊、妥協、擱置的空間。也不能見人說人話、見鬼說鬼話，鬼話連篇，亂騙台灣人民。對關中的賣國說法，馬英九應該公開強烈反駁、譴責，甚至要求國民黨開除他的黨籍。不能不痛不養，不沾鍋，僅由總統府發言人說「那是關中個人看法」就算了。

　　站在總統高位的馬英九能嗎？敢嗎？他敢向胡錦濤嗆聲？敢開除關中的黨籍？當然不敢。

(2008.07.16)

歷史重演——京奧是柏奧的續集

中國花費420億美元的大錢舉辦2008年北京奧運（京奧），把北京城大肆更新重建，荒漠變花園，並興建美輪美奐的鳥巢、水立方等巔尖科技的雄偉建築。

北京中共政權的目的可謂司馬昭之心世人皆知，絕不是他們所稱「運動歸運動」為發揮奧運精神，也不是政經分離為拼經濟，而是要達到政治掛帥、運動為政治服務的大躍進、大動作。老毛地下（其實還在地上）有知，大概也要拍案叫絕。西方主要媒體都同意，京奧是1936年希特勒柏林奧運（柏奧）以來最泛政治化的運動大會。

對外，北京政權要向世人宣稱：大家注意！中國崛起已成真實，帝國中國已佔據國際舞台中心，要與另一超強大國美國爭領世界權勢風騷。對內，胡錦濤領導的專制政權要向13億中國人彰顯大中國民族主義的雄偉壯麗，並以此意識型態合理化、鞏固化他們的獨裁政權。

表面上，張藝謀花大錢、大動員，把電影科幻技術發揮得淋漓盡致、極盡聲色的開幕典禮，迷幻世人，他們好像百分之百（《中國時報》的標題）達到上述政治目的。台灣的統派人士、媒體和國民黨的領導菁英大多如是認為，他們被張藝謀大導演的電影製作虛擬演出的幻象、迷陣，迷得

心智皆失。

但是，實質、實際來論，只要有心、有智的人冷靜細看，一看就可以看出京奧的演出破綻百出，中共政權的專制統治、經濟崛起、政治穩定、社會和諧、國際政治中樞地位等國力面向的展現，都還是虛影假象，都問題、困難重重。和民主強國、大國比，比日、英、法、德等國都還比不上，要和超強美國一爭國際強權風騷，恐怕還有一大段的距離要跨越。

君不見，鳥巢裡面正在大演張藝謀的寬銀幕、卡司7萬的科幻大戲的時候，外面竟動員10幾萬大軍壓境維持北京城的平靜安寧。但還是狀況百出，處處劍拔弩張，騷亂不停。還有，連一個弱女子、台灣的「卡神」楊蕙如，都被無理粗暴對待，硬是不敢讓她進入北京城為「中華台北」隊加油，和平表示她愛台灣的一片心情。

更不必提北京城外發生在西藏、新疆、西安、上海、雲南等地的動亂不安，及此起彼伏浮現的民心向背、民怨民怒，讓北京領導諸公心驚肉跳、寢饋難安。這哪裡像是一個信心滿滿、國強民富、傲立國際政治舞台中央的泱泱大國應有的心態、行為表現。

再細看、細算中國舉辦京奧的帳目，我真的要擲筆浩嘆，太不可思議！這些年來，中國經濟崛起，是有耀眼的表現，有數億中國人生活水平大肆改善。但是，還是有10分之1的人口，約1億5千萬人，仍然生活在貧窮線下(世界銀行的標準)。還有，中國近年天災人禍連連，大地震、大水

災把這個中原古國震得、沖得支離破碎，數百萬人家破人亡。

不可思議的是，為了演出世界最雄偉壯觀的政治公關宣傳大戲，中共政權竟花了420億美元的人民血汗錢舉辦京奧，讓北京城享受17天的絕世風光、榮耀，卻讓數億中國人仍然生活在水深火熱、民不聊生的痛苦深淵。

根據報導，下屆奧運主辦城市倫敦，準備花183億美元，上一屆雅典奧運則是花了140億美元；史上最成功的巴塞隆納與雪梨奧運，分別只花了80億與60億美元，北京奧運豈只貴得嚇人，簡直是揮霍無度、勞民傷財到了極點。

1976年，加拿大蒙特婁奧運導致主辦城市虧損10億美元，會後，蒙特婁財政因此破產，花了40年的時間償還債務，被加拿大人罵到今天。

80年代，美國政府為了降低財政赤字，84年洛杉磯奧運，大舉引進廠商贊助，成為日後奧運主辦國牟利的模式，96年亞特蘭大奧運更走上極端，成為史上最商業化的奧運，亞特蘭大奧運只花17億美元。

中國是國富民窮的國家，GDP雖名列世界第3(2012超過日本成第2)，但以per capita算，還不到4000美元，世界前40名都還排不上，仍屬開發中的國家，要名列民富國度還有很長的路要走。

以中國的購買力均等值(purchasing power parity)來算，京奧花200億就已是驚人的天文數字，絕對可以辦得轟轟烈

烈。花420億則實在是荒謬絕頂、打腫臉充胖子。

何況，爲了辦京奧，北京城內城外不知關閉了多少工廠與企業(200家以上)，多少商店無法正常經營，多少住家被迫遷移，多少商機被流失。對京奧後的中國經濟，大多數經濟學者都不看好，認爲負面的後遺症嚴重。

西方經濟專家大多同意，中國這次辦京奧一定賠大錢。瑞士信貸亞洲區首席經濟分析師陶冬就鐵口直斷：「北京奧運肯定會出現一個『反高潮』，大家都預期遊客會大量湧入，預期酒店機場賺到滿、塞到爆，情況恰恰相反。」

陶冬說，中國2008年初開始，基於反恐原因，大幅緊縮外國人到中國的簽證核發，以致1到5月，外國人含商務旅行在內，到中國人數銳減，最新的6月份數字，甚至比去年同期下跌5個百分點。

外國旅客減少，牽動航空客運量下跌。瑞士信貸中國區主管陳昌華說，中國的航空客運量年增率，2008年以來每月都在走低，4月份起，從2位數跌到1位數，6月份剩下6.4%。

奧運一開幕，大陸Ａ股大瀉200點，不到3天又跌到2400點，完全沒有起色。不少股民把怨氣發洩在京奧上，有人問，「奧運經濟哪兒去了？」是利多出盡？還是中國經濟出問題？答案是：都是。

當然，不像民主國家加拿大的蒙特婁奧運，中國是專制國家，國家有錢可以任意揮霍無度。人民再窮、再苦也

管不著。北京領導人對苦難人民可以視若無睹,花國家的錢可以亂花。

這幾天,京奧正進行得有聲有色、轟轟烈烈的時候,歷史諷刺的是:在鳥巢內最被中國人歡呼的俄羅斯總理普丁(最被中國人噓聲的是美國總統布希),正在下令戰機轟炸向西方傾斜的喬治亞,俄國坦克車滾滾進入喬國,俄國軍艦駛向黑海岸,準備一舉攻下這個前蘇聯共和國。

喬治亞的戰事已造成死傷慘重,並也讓美、英、法諸國手忙腳亂。中國和俄羅斯是兩個正在經濟崛起、並要聯合起來向美國領導的民主陣營挑戰世界霸權的戰略伙伴,難兄難弟。他們將在未來幾年、幾10年與美國等西方民主國家展開新冷戰的權勢對立。這已成國際政治現實,毋庸置疑。

民進黨主席蔡英文在媒體發表鴻文比擬2008年京奧與1936年柏奧,說兩者歷史呼應,可謂類同。一針見血,擊中要害,讓中國暴跳如雷。文章寫得很好,我直引幾段讓大家共賞(略有刪減)。她說:

1936年8月1日,希特勒在柏林主持奧運的開幕儀式,德國人民的情緒瞬間到達最高點。自第一次世界大戰戰敗之後,整個德國民族從來沒有這麼光榮過。

窮兵黷武的希特勒在那一陣子突然變得愛好和平,在奧運期間,納粹在全國上下收起「禁止猶太人」的歧視性標語與招牌,希特勒要人們相信,德國是全世界的好朋友。不過,後來的歷史證明,希特勒向大家撒了一個漫天

大謊。在奧運進行期間，希特勒一邊吹噓和平，一邊興建集中營。1942年的萬湖會議決定了「猶太人問題的最終解決方案」，就這樣希特勒政權屠殺了幾百萬的猶太人。

如果整個納粹政權是建立在強大的民族主義上面，那麼，1936年的柏奧無疑地為德國民族主義注入了一針前所未有的強心劑。72年過後，2008年的8月8日，我們再一次目睹了奧運在沒有人權的國家中舉辦。中國領導人胡錦濤在張藝謀的開幕儀式中，把中國民族主義推上了最高峰。從電視上看來，中國人民沸騰的情緒，跟1936年的德國人一模一樣。

隨著開幕日期的逼近，中國舉國上下開始草木皆兵，西藏、新疆的抗議分子被管制、逮捕甚至殺害。當然，這些作為不會讓中國人民知道，所以，北京城中興奮的民眾當然也就讀不出政權的風聲鶴唳。鳥巢周邊5步1個武警崗哨，計程車據說被裝上監聽器，會場周邊的商店被賦予向警察通報的神聖任務，高樓大廈被命令不得開窗，天安門廣場上分不清楚便衣與遊客哪一種人比較多。這就是集權國家主辦和平奧運的必然結果。

蔡英文還痛心指出，我們不能以台灣的名字在奧運會中出現，我們的選手是一群沒有國旗、沒有國號的運動員。甚至，這一次的開幕儀式中，中國也改變了各國出場慣例，讓台灣的代表隊在「中」這個中文字的大旗下，與澳門、香港等地方「結伴」出場。

全世界都看到了，我們國家的執政黨要員(連戰、宋楚

瑜、吳伯雄等），坐在觀禮台上親眼目睹、共同參與這個歷史
性的改變。他們覺得這一切沒什麼不妥，被對岸奉爲上
賓，即使北京官方說台灣的選手在大陸有「主場優勢」，
他們亦渾然不覺有任何失當之處，甚至可能還覺得理所當
然。

壯哉斯言！痛哉斯言！蔡英文。馬英九會聽到小英義
正辭嚴、忠言逆耳的話嗎？當然不會。台灣人民會聽懂她
的暮鼓晨鐘、苦口婆心的警言嗎？大概也不會。這就是台
灣人的悲情、悲劇。

京奧與柏奧相隔72年，兩者本質相同，前者是後者的
續集。

歷史會、並正在重演。人類會從歷史經驗學到教訓
嗎？我讀史書，思考人類文明發展的結論是，人類永遠不
會從歷史學到教訓，歷史一定重演。這就是原罪重重的人
類的悲情、悲劇。

(2008.08.14)

中國民主化的迷思

馬英九由蔣經國的反共極右派，一路走來搖搖擺擺，選上總統後搖身一變變成親向共產中國的「同路人」(fellow traveler)。雖身分、用心可疑，看起來卻很像歐美各國的親中、親共左派分子，都要與專制中國和解、妥協，甚至懷抱投降主義。

意識型態上，他們的說法混淆不清。但是，他們都有一個共同想法，雖充滿理想主義，甚至「迷思」(myth)，但其政治發展的論述有一定道理，也有實踐驗證案例。那就是專制政治，如推動資本主義市場經濟，可以快速發展經濟，並產生中產階級、多元社會、參與文化(participant culture)，而導致公民社會與文化及民主政治的發展願景。他們都以台灣、南韓、泰國等亞洲小龍的發展經驗為例，建構他們的發展理念和論述。

因此，他們認為，鄧小平20多年前推動改革開放後，共產中國正循此理論前進。大家都樂觀其成，希望中國會像台灣一樣和平演變成為民主國度，破除「東方專制政治」(Oriental despotism)的迷障，台灣與中國的統獨爭執就會經過民主程序和平解決。

馬英九的「終極統一」論也就有了合情合理皆大喜歡

的喜劇結局。所以，他一上台就大力推動連接中國。他稱讚胡錦濤的改革開放、經濟高度發展政策，認為頗有成就。還把台灣的前途命運「先經濟後政治」地交給共產中國，要與其迅速接觸、和解、整合，最終統一。

他黑白講，沒有卻硬說胡錦濤在自由民主人權上有所改善、進步。所以，他不再像過去一樣嚴厲譴責鄧小平的天安門血腥屠殺民運學生、江澤民暴虐鎮壓法輪功、胡錦濤率軍血洗西藏的暴行逆施，甚至連他以前敬佩、世人崇拜的達賴喇嘛，都被他無理取鬧，拒絕訪台。

持平而論，馬英九不是急統派，他的「終極統一」的影子連他自己都看不到。他也說過「中國不民主化，台灣不可能和它統一」之類的話。他雖沒有真正完全學到英美西方民主政治的真髓，但總在哈佛大學混個國際法博士，在美國待過多年，應該多少了解一點民主政治的基本原理原則。

民主政治可以從人性善惡、原始社會、柏拉圖、孔夫子說起，說得天花亂墜、盤根錯節、複雜深奧。但歸根結蒂、制度主義來講，也滿直截了當、簡單明瞭。

民主政治就是制度安排(institutional arrangement)公開、公平選出國家政府領導人。要有此制度安排，一定要有公正的選舉制度，兩黨或多黨制。公平選舉選上的黨執政、選下的在野，政黨輪替執政，而相互權力制衡。並要有多元、公正的媒體讓公民有充分、正確的信息，以為投票選賢與能的根據。

　　阿克頓的權力腐敗論，民主政治必須面對。要避免權力腐敗，一定要有權力分離(separation of powers)、制衡(checks and balances)的制度機制，也即唯一在民主國家行之有年、實踐驗證有效的三權(立法、司法、行政)分立、相互制約的憲政安排。

　　這些知易行難的民主制度安排，雖未成爲人類文明不二法典，但也已成世人的普遍共識，並成普世價值。沒有這些獨立因素，就不可能有眞實的民主政治，應毋庸置疑。

　　偏偏胡錦濤、溫家寶、吳邦國等共產黨一黨專制的北京領導階層，就是不信，一再質疑、否定、反對。

　　他們爭取2008年北京奧運時答應要改善中國惡劣的人權狀況。但是，京奧前，在世人注目下，他們再度血腥鎮壓西藏，之後繼續迫害法輪功、民運人士、維權律師，甚至連合法申請示威抗議住家被強迫遷移的七旬「歐巴桑」都被抓起來。

　　聯合國、歐盟、美國國務院的人權報告，都一致認爲，中國2008年的人權記錄不僅沒改善，還明顯惡化。

　　一群海內外有名學人及關心中國人士(已有7千人簽署)，苦口婆心提出的要求民主改革的《08憲章》，不僅被中南海視若無睹，還把北京的幾位起草者關起來，主筆之一的劉曉波到2009年三月下落不明。中國人大、政協兩會開會期間，多位中共改革派元老一樣用心良苦、苦口婆心，提出《09建言》，要求一些小幅度的民主改革，一樣被斷

然拒絕。

　　人大委員長吳邦國更因而公然發言說，中國走的是「有中國特色的社會主義」，絕對不會採用西方的民主政治。他說中國不會有兩黨或多黨輪流執政的政黨政治，只有共產黨繼續一黨專政下去的「民主」。還有，中國不要立法、司法、行政三權分立制衡的憲政體制，也無司法獨立的必要。還有，針對元老的《09建言》，他還說中國國會不需要有上下院之分。

　　簡直是民主政治白痴的胡說八道。胡錦濤諸公擺明了，中國就是要共產黨一黨專制，絕對沒有真正民主政治發展空間。

　　這些日子，正是達賴喇嘛去國50年的敏感時刻，胡錦濤又再大軍壓境，把西藏地區「圍城」成人間地獄。連一向溫和、一再委曲求全的達賴都說重話：中國政權把西藏變成「人間地獄」、殺死數10萬藏人的重話。

　　如是慘無人道、專制獨裁的共產中國，馬英九還說胡錦濤很偉大、對中國人權有所改善，還對專制中國有幻想，認為他們會「先經濟後政治」改革開放走上民主化。真是「有夢最美」的亂作夢，其實不是夢，是一片模糊不清的幻影、幻想。

　　中國的民主化，目前看來絕對是不切實際的政治「迷思」。美國、日本、澳洲、歐盟等民主國家對中國都在努力接觸、和解，加強交流，發展友好關係。但是，他們對專制中國的民主化雖也有所期待，但都絕對現實主義，沒

有幻想，更不看好。

所以，美、日、澳、印度等民主國家之間都有針對「中國威脅」的雙邊戰略安全協定，也有建構多邊戰略聯盟之議。最近，連南韓都和澳洲簽訂了安全協定，目標明的是流氓北韓，暗的，不言可喻，當然是專制中國。

中國的民主化，歷史長河地看當然不一定是夢，但50、100年歷史現實主義地看，絕對還是虛無飄渺的「迷思」。馬英九「終極統一」迷竅心智，看不到鐵一樣的真相，盲目地把台灣帶向「一中」統一的陷阱，真是讓人看得心驚肉跳，為台灣的自由民主前途深感憂慮、不安。

馬英九如執迷不悟，繼續迷戀、追逐他的虛幻的中國夢，把台灣帶入死路一條，為了維護台灣的自由民主人權，台灣人別無選擇餘地，只有群起攻之，拼命反對、抗爭到底，把馬拉下。

(2009.003.14)

胡錦濤睜眼說瞎話

　　為慶祝中共海軍建軍60周年，中國2009年4月23日在青島附近的黃海舉行大規模海上閱兵活動。受閱兵力包括艦艇25艘，中國長征6號、長征3號兩艘核動力潛艇是首度公開亮相。還有長城218號、長城177號常規動力潛艇。受閱驅逐艦群，包括中國新型「石家莊」號導彈驅逐艦及巡弋飛彈。受閱先進戰機31架，分為9個空中梯隊。

　　官方媒體強調，受閱武器裝備，威力驚人，並全部為中國自製。

　　中國還邀請外國海軍軍艦參加閱兵，參與者包含俄羅斯、美國、印度、南韓、巴基斯坦、紐西蘭、新加坡、泰國、法國、孟加拉、澳洲、巴西、加拿大與墨西哥等14國的21艘艦艇。可謂聲勢浩大。

　　這次龐大的海軍演習，被認為是中國海軍大國海洋世紀來臨的公開宣示。不久前，戰略學者才透露，中國自製航空母艦的準備工作已完成，今年底應可開工製造中國第一艘航母。中國20多年來大肆整軍備武，大有所成，已成世界第2大軍事強國。如是窮兵黷武，為何？大家都在問。其實問膝蓋都知道，其主要戰略目的，當然是要挑戰美國權勢霸主地位。

主持青島閱兵儀式的國家主席、軍委主席胡錦濤卻宣稱，「不論現在或將來，中國永遠不稱霸，不會對任何國家構成軍事威脅。」真是此地無銀三百兩，睜眼說瞎話。

這段話和日前引起一片譁然的影星成龍的「台灣和香港太自由，所以亂」、「中國人需要管」的一席話一樣，都是「天大的笑話」。不過，成龍也說中國黑心貨、中國製的電視會爆炸，還算良心話。

老毛死後，鄧小平改革開放，中國經濟開始起飛。中國不僅經濟起飛，也武力崛起，國防預算每年都以兩位數字增加，迅速追過英、法、德、日、俄等先進強國，成為美國之後的第2大軍事大國。

因為鴉片戰爭後中國受盡西方(包括日本)帝國主義的侵略、侮辱。二戰後，老毛的共產革命成功，建立中華人民共和國(PRC)，自立圖強，很受西方「紅色」親中學者(John King Fairbank、A. Doak Barnett、Lucian Pye、Ezra Vogel等)的同情、支持。

在他們中國悠久歷史有其人道特色的文化主義論述下，很多人認為中國是內向、溫和、非侵略性的文明帝國。此論述長期主導西方學界對中國的文化認識，也主導西方國際政治、戰略學者對中國的權勢政治看法，並進入美國國務院主導外交政策。

此論最有名的政策推動者，就是1971年秘訪北京見周恩來的前國務卿季辛吉(Henry Kissinger)。他主導尼克森與中國和解的外交政策，出賣台灣，到今天他還不停發表論述

宣揚他的親中「紅」色政策。

他們是主流。但是，也有所謂「藍隊」，現實主義的國際政治學者(Robert Scalapino)，及權勢主義的戰略學者、國防政策決策者，如美國前總統布希時代紅極一時的新保守主義(neo-conservatives, Irving and William Kristol, Paul Wolfowitz, John Bolton, Robert Kagan等)。他們強烈反共、反專制、反中、支持台灣，並主導美國國防部，主張戰略強勢圍堵中國。

2001年911恐怖主義攻擊美國前，布希總統說的「盡一切力量(Whatever it takes)」防衛台灣，雖僅曇花一現，卻是新保守主義的經典之作。

澳洲與美國很類似，也有「紅」與「藍」之分。也像美國一樣，外交部較「紅」、親中，國防部較「藍」、反中。澳洲國防部2009年4月底發表國防白皮書，決定未來30年的國防政策，「藍」味頗重，認為崛起中國窮兵黷武，是戰略挑戰，澳洲需要大量提升先進武備，以因應中國的軍事威脅。中國馬上強烈反彈，譴責澳洲在戰略「圍堵」中國。

帝國中國(Imperial China)從秦始皇統一中國開始，到1911年共和革命推翻帝制，2000多年當然是帝國主義(imperialist)國家。其帝國主義本質，與希臘、羅馬、西班牙、俄羅斯、大英等帝國一樣，都充滿權勢擴張的霸權主義。帝國中國從疆域很小的秦朝，經過漢、唐、元、明、清等朝代的權勢侵略、擴張，北到蒙古，西到中亞、新疆、西藏，南到中東南亞的印支半島，東到朝鮮(海軍弱打不到日本)，都

不停在擴張領土，擴大權勢，延伸其帝國主義勢力範圍。

因封建自大、鎖國主義作祟，明、清後中國科技、國力嚴重落後，才在清末被西方帝國主義欺辱、侵略、成為東亞病夫。

老毛帶領共產黨造反成功建立PRC，他的建國目標就是富國(不是富民)強兵、壯大中華。他的國還沒富、兵多但還不強，就在1950年與世界第一強國美國打韓戰，1959年派大軍入侵西藏，1960年代與印度、蘇聯為了領土打邊界戰。老毛的窮兵黷武、霸權主義心態，舉世聞名。

老鄧1979年重出，就派兵打共產「盟邦」北越。他1989年軍事血洗天安門，並派兵鎮壓西藏。胡錦濤扮演老鄧的欽定繼承人，追隨他鎮壓西藏，支持天安門屠殺，更追隨老毛、老鄧的富國強兵建國路線，把中國迅速建設成世界第3大經濟、第2大軍事強國，成績斐然。

胡錦濤的共產中國，不僅與老毛、老鄧一樣專制獨裁，還一樣窮兵黷武。他的中國支持北韓、緬甸、伊朗、蘇丹、津巴布維、委內瑞拉等專制、甚至流氓國家，在亞、菲、拉丁美洲各地推展權勢政治，建構大中華主義的帝國鴻圖。

胡錦濤連被認為是澳洲「後院」(backyard)的南太平洋島國都不放過。近年來為了戰略佈局、打擊台灣，中國在南太小國大肆撒錢，並發展戰略關係。其中最受注目的就是近年來3次軍事政變推翻民主政府的斐濟。

2006年斐濟軍事政變後，澳洲、紐西蘭和大英帝協強

力壓制軍事強人Frank Bainimarama政權,給予嚴厲經濟制裁。但2006年開始中國經濟援助斐濟,從2006年的2300萬美元的經援,大肆增加到2007年的1億6000多萬美元,1年內增加快7倍。2008年預估中國經援斐濟可達2億美元。2009年一定更多,有人估計可達3億。

二戰後澳洲一直是南太島國的最大經援國,並視南太為其勢力範圍。但2008年澳洲經援斐濟只有2000萬美元,不到中國的10分之1。這個怪異發展,對非常親中的陸克文(Kevin Rudd)政府,真是情何以堪。

據聞,中國已在南太建立衛星監視系統,針對美國、澳洲、南美洲諸國。專制中國竟戰略權勢擴張到地圖上都很難看到的南太島國(有些快要被溫室效應引起的海水上漲淹沒),真令人驚訝。為什麼?略有國際權勢政治觀念的人用膝蓋想都知道,當然是民族主義和霸權主義在作祟。

這個專制中國不是現代帝國主義是什麼?當然是。它和人類20世紀的專制納粹、日本、蘇聯帝國的霸權主義有什麼不同?當然沒有。

其實持平而論,客觀現實主義地看人類歷史、國際政治發展,從古代中國的秦、漢、唐和西方的希臘、羅馬,中世紀的西班牙和大英帝國,到近、現代的德國、日本、蘇聯和美國,任何國家國力大肆崛起,必然富國強兵成為霸權主義的帝國(imperial power),也必然在國際政治上權勢擴張。

這是基本人性、民族性、國家性的行為必然,很難避

免。不同的是，現代國家中，專制帝國比起民主帝國，因其權力分立、制衡機制的不同，前者比後者容易窮兵黷武，侵略他國。也即，專制中國和俄羅斯與民主美國和印度的霸權主義，雖有本質相同之處，但也有根本不同的地方。人類歷史實踐證明，前者比後者更有暴力傾向，更有侵略性，更難控制，因而更可怕，更令人擔憂。

這就是為什麼同樣富國強兵，美國、日本、澳洲等國不視印度、而視中國崛起為憂、為敵。這一點，胡錦濤和他的共黨同志不懂，不了解、不接受，硬要堅持一黨專制，堅決不接受已成普世價值的自由民主人權觀念，則其霸權主義必與美、日、澳等民主國家成敵。這場專制與民主的文明衝突，很難避免。

歷史殷鑑，如觸發戰爭，這場霸權之戰，專制必敗、民主必勝，應也是歷史必然。希望胡錦濤等北京諸公，謹思慎行，改弦易轍，棄專制，取民主，把古老中國帶入現代民主文明主流世界。

可惜，目前看來，這個願景和期待，還是海市蜃樓。

(2009.04.28)

「中國模式」的迷思

中國經濟高速崛起，GDP超越德國和日本，追向美國，其專制政治國家資本主義市場經濟成功發展，有人認為是一個不同於英、美、法、德、日等自由民主國家資本主義的發展模式，另立典範，稱為「中國模式」。

此說最近甚為流行，引發討論。其同時引出的市場自由經濟導致公民社會、自由民主政治發展的和平演變論，水漲船高，也再被提起，引起爭議。

其實，這個發展議題，多年來很多發展學學者、包括我，都曾深切關心、深入研究、發表論述過，早已不是新鮮課題。

我們大致同意，所謂「中國模式」或「北京模式」，不過是李光耀的「亞洲價值」(Asian values)發展論的延續、甚至是複製，沒什麼新意可言。亞洲小龍、尤其是台灣和南韓的專制國度，先自由經濟、後民主政治的發展經驗，被認為是此「價值」的實踐驗證。

問題是：這個「亞洲價值」的實踐驗證還沒完成，不只還是進行式，而且面臨驗證失敗。新加坡經濟發展名列世界前茅數10年，但政治自由民主化還長期停留在「半自由」(自由之家的評定)、半專制的非民主狀態。泰國、馬來西

亞等國也情況相同，民主化進進退退，遲疑不前。

中國情況更嚴重，經濟自由化和政治民主化不僅似乎不相關，還似乎背道而馳，經濟越發達、政治越專制。

當然，也有不少人，如諾貝爾經濟獎得主沈恩(Amartya Sen)和克魯曼(Paul Krugman)及章家敦(Gordon Chang)、白樂祺(Nat Bellocchi)等專家學者，認為中國經濟起飛充滿泡沫，問題重重，隨時可能氣爆、崩潰。

我認為中國經濟崛起，與二次大戰前崛起的納粹德國和極端民族主義的日本本質相同，都是專制國家資本主義的發展經驗。因其專制權力必然腐敗，不僅很難(我認為不可能)維持永續發展，還很可能、甚至必然導致霸權主義、帝國主義侵略戰爭的滅亡之路。

我的帝國滅亡論，是否會在共產中國驗證，有待歷史辯證發展，在此暫不多作論述。我目前關心的是「中國模式」的下半部，也即市場經濟導致政治民主的和平演變的理論真假虛實。

這個論述的主軸就是1980年代「中國之春」改革派，如嚴家其、蘇紹智、蘇曉康，甚至天安門民運學生，主張、推動的中國共產黨一黨專政下的和平演變、黨內民主、民主改革，也即把共黨內部先民主化，從下往上、村鄉到縣市、再到省市、最後到北京中央，黨代表、黨委書記經過民主程序、也即黨員公開、公平、競爭選舉產生。

共黨黨內民主化同時或之後再從下往上、村鄉縣市省、最後到中央政府的民主化，也即經過公開、公平、競

爭選舉程序選出各級政府領導人。

　　與西方英美諸國行之多年成功的民主政治根本不同的是，它繼續維持中國共產黨一黨專政的國家憲政體系。

　　這個「一黨民主」(one-party democracy)模式，根本違背權力分立制衡、兩黨或多黨輪替執政的基本民主原則，實在不值得辯駁，它是民主「迷思」。

　　但是，因為有人，不僅中國人，還有西方民主人士，對此論有所重視，甚至期待，我們不能輕視，必須嚴肅正視、駁斥。

　　還有台灣的民選總統馬英九，被其大中華民族主義、大一統意識型態迷惑，一上台後就大肆向中國傾斜，稱讚一黨專制的共產政權有在改變、改善人權。我們更不能掉以輕心，讓台灣人掉入中國正在和平演變、走上自由民主化的迷障，糊里糊塗被專制中國統一了都還不知道。

　　《紐約時報》名專欄作家科恩(Roger Cohen)最近訪問中國，寫了1系列文章，其中1篇就叫「Single-Party Democracy」(January 22, 2010)。他同意「一黨民主」是「矛盾的修辭」(oxymoron)，從沒存在過。

　　但是，他說，在共產黨一黨專制創造經濟高度成長的今日中國，面對問題重重的13億中國人民，要維持社會和諧、經濟繼續高速發展，「一黨民主」可能是中國現代化的唯一選擇。他說「一黨民主」可能是21世紀人類最重要的政治意念(the most important political idea of the 21st century)。

　　這句話，如果是馬英九講的，算是放屁，聽都不要

聽。但是，《紐約時報》的科恩說的，我們不能不認眞聽
之，更應嚴厲反駁。

我同意科恩的「一黨民主」是矛盾的怪物，以前沒有
存在過。我更認爲以後也不可能存在。

中國鄧小平「改革開放」30年來，經濟也許大有成
就，但政治改革開放一事無成。中國共產黨30年來反自
由、反民主、反人權的倒行逆施，從魏京生、方勵之、
天安門、西藏、新疆、法輪功，到最近的Google被駭事
件、劉曉波的11年黑牢、高智晟的「失蹤」(*New York Times*,
February 3, 2010)、香港的禁演「神韻」及立法局議員的辭職
抗議民主倒退，眞是惡名昭彰，罄竹難書。

紐約「自由之家」的2010人權報告剛出爐，30年來中
國從窮國變富國，中國人的政治權利(political rights)卻一直沒
有進步，排名最後，與北韓、緬甸、寮國、查德、蘇丹等
國爲伍。其公民自由(civil liberties)，也排名最後10名，與津
巴布維、古巴、伊朗等國並列。

「國際記者聯盟」(IFJ)2010年1月31日發表報告，批評
中國去年箝制媒體，有增無減，包括新聞審查、以暴力和
任意拘捕威脅記者等，中國對網路多所顧忌，加強控制新
聞和社交網站內容。

在評論「中國模式」時，天安門民運學生領袖王丹
說，這種模式就是爲了經濟可以不惜一切代價，如貧富差
距、環境污染，甚至像89年用軍隊殺害人民。但台灣在政
治經濟上早已登上文明的台階，如爲兩岸經貿拉近，接受

中國這種邪惡的發展觀，那不啻是一種沉淪。

我1980年代在中國講學，收了一位北京人民大學的博士學生何包鋼。他1988年來昆斯蘭大學研究政治文化和政治發展，1989年天安門事件後轉去澳洲國立大學(Australian National University)進修。拿到博士學位後在大學執教，著作等身，成就驚人，成為名聞國際的中國問題專家。倫敦大學曾考慮聘請他任教並主編權威的《中國季刊》(China Quarterly)。

這些年來，他拿到龐大的澳洲國家研究金，研究中國村鄉民主政治發展。他非常欣賞台灣成功的民主化，但認為西方民主目前難在中國推行，必需先實現「一黨民主」。

開始時，他滿懷樂觀期待。每年都勤跑中國作鄉村調查，但幾年下來，他越跑越洩氣、越失望。他告訴我，中國的村鄉民主政治發展，不僅沒有進步，還嚴重倒退。他的結論是這種由下而上的「一黨民主」發展模式，在共黨統治的中國窒礙難行。

「亞洲價值」在新加坡是「迷思」，「中國模式」在中國也是「迷思」，只有大傻瓜或別有用心的陰謀家，如馬英九之輩，才會因無知或居心叵測相信可行、可望。

(2010.02.04)

睡獅醒來會咬人，
不會變成和平的鴿子

　　2008年，美國總統歐巴馬和澳洲總理陸克文陸續上台，都以西方自由主義的國際觀要與崛起中國連接(engage)，改善關係。

　　陸克文上位後急忙奔北京，用一口流利的中文和胡錦濤大打交道，被認為是最懂得、最親向中國的西方民主國家領袖。歐巴馬不急，等了1年多才在2009年11月訪問北京，卻也行前不見達賴喇嘛，在北京不公開提起西藏、人權、《台灣關係法》(TRA)等敏感議題，被很多人認為討好中國。

　　令人驚訝的是，2009年4月爆發澳洲力拓(Rio Tinto)經理胡士泰(Stern Hu) 被捕事件後，澳中關係急速冷切，陸克文滿臉豆花，灰頭土臉，很難看。中國流傳一句話，「不要認為說一口流利中國話，他就懂得中國！」道盡陸克文滿懷辛酸，情何以堪。我聽說，他不想再去北京了。

　　歐巴馬遭遇類同，2009年底低聲下氣朝拜北京，沒多久就在哥本哈根被溫家寶耍得灰頭土臉，竟被一個中國副外長消遣，無禮對待。2010年開春，歐巴馬在賣武器給台灣、接見達賴喇嘛、解決北韓、伊朗核武爭端、中國合理

調整人民幣匯率等問題上，都踢鐵板，被北京冷眼相待，不理就是不理，難看之極。

問題不僅如此。對這幾年、甚至幾10年來的爭議，本來美中雙方已有一定的制式應對模式，大家行禮如儀，做做戲就算了。這次，北京不照劇本演出，反美聲浪、動作都特別大、特別凶，令很多人看傻了眼，不知道他們葫蘆裡在賣什麼藥。

西方媒體很多評論家在問，中國究竟在搞「蝦米碗糕」？

《華盛頓郵報》(2010.2.25)報導，很多中國人認為，20世紀是美國人的天下，21世紀則是中國人的天下。報導還引用澳洲權威政策研究所Lowy Institute去年在中國作的民意調查，指出多數中國人認為對中國崛起威脅最大的國家就是美國。

「北韓都不甩美國，我們為什麼要甩他們！」有中國人大叫。似乎也道盡很多中國人輕視、敵視美國、要與美國一爭長短的心態。

Lowy Institute 最近也推出專論(*The Weekend Australian*, 2010.02.13-14)，題目是《全世界如何聽到中國虎的咆哮》(*How the roar of China's tiger will be heard across the world*)。中國虎在叫囂，威力不可忽視，但基本上專論仍經濟決定論地看中國的崛起。其中一段提到國際爭議，認為中國似乎回到過去(back to the past)。不過，該論仍以經濟決定論的「亞洲價值」分析中國崛起現象。

《華盛頓郵報》(2010.02.15)的專欄作家Robert J. Samuelson 的論述，則是《中國唯我獨尊的世界觀之下的危險》(*The danger behind China's 'me first' worldview*)，一針見血指出，中國的「我第一」(老大)的世界觀正在重現、作祟。

《紐約時報》(2010.02.17)登了最近頗受注目的《當中國統治世界：西方世界的終結與新全球秩序的產生》(*When China Rules the World: The End of the Western World and the Birth of a New Global Order*)一書作者Martin Jacques的文章，《藏龍，弱鷹》(*Crouching Dragon, Weakened Eagle*)，認為中國這條龍正蓄勢待發，比前蘇聯要強得多，美國國力在失落，美中勢力消長不可避免，新的世界秩序正在浮現，這個發展不容忽視。不過，Jacques基本上還是經濟決定論看中國崛起，並有一定左派論述盲點。

《紐約時報》(2010.02.12)的Peter Mandelson專欄「《我們要中國領導》(*We Want China to Lead*)，一樣經濟決定論地認為讓中國領導世界經濟發展，有其必然性。他說，中國下一代的領導人是國際主義者(internationalist)，而且對中國非常有信心(profound belief in China)。一樣論點偏左，太自由主義看中國，可議之處很多。

《紐約時報》的社論(2010.02.11)《中國的挑戰》(*The challenge of China*)，支持歐巴馬硬起來對付中國，要中國符合現代國際社會規範，行為要更負責(behave more responsibly)。雖論點可取，但令人有請鬼拿藥單之感。

香港末代英國總督Chris Patten也湊一腳，寫文章認為

《美國和中國不是自然合適》(*U.S. and China are not a natural fit*)
(*The Australian*, 2010.02.23)。他的基本論點沒錯，認爲目前美中
兩國差異太大，合不來的地方太多，很難整合。他勸胡錦
濤、溫家寶等當前中國領導人，不要急著強出頭挑戰美國
霸權，應聽鄧小平推動改革開放時說的話，「韜光養晦」
(Hide your brightness, bide your time)。不過，他也僅提經濟議題，
視野相當狹窄，並沒有看出美中根本問題出在哪裡。

　　最後，我想提出的論述是《經濟學人》(*The Economist*)
週刊(2010.02.18)的封面文章，《他們怕什麼？》(*What are they
afraid of?*)，副題是「經濟繁榮、政治穩定，但中國領導似
乎不安(The economy is booming and politics stable. Yet China's leaders seem
edgy)，搭配的漫畫是長城上一隻拿著大棍子要打人的老
虎。問題問得很好，但答案依然太經濟決定論，缺乏更寬
廣的歷史文化宏觀角度，讓人有隔靴搔癢之感。

　　上面簡列的最近論述，如「back to the past」、「me
first」意念很好，但大都犯了經濟決定論的偏頗錯誤，認
爲歷史是單線向前發展，在經濟發展全球化的歷史浪潮
裡，中國經濟快速前進，必然導致文化、政治的現代化、
西化、自由民主化，與西方現代文明匯聚融合。他們忽視
歷史、文化、政治會停頓不前、甚至倒退嚕的可能性。

　　因此，目前崛起中國不照他們發展理論的論述辦事，
他們都傻了眼，亂了方寸。

　　1960-70年代費正清(John King Fairbank)、白魯恂(Lucian Pye)
等大師的文化決定論盛行一時，1980-90年代沒落、被全

球化經濟發展決定論取代；到現在，不僅學者、中國問題
專家，連政治領導人如歐巴馬、陸克文，都常以經濟決定
論看中國崛起，忘了文化和歷史，更忘了中共一向政治掛
帥的政治決定論，因而錯誤百出。

歐巴馬、陸克文等因而看錯中國。中國的國家資本主
義經濟是向前走，並快速趕上英、德、日諸國，但中國文
化、政治發展，毫無走向自由民主現代化之勢，反而逆水
行舟，走回歷史過去的傳統中國專制文化、政治的「中央
大國」唯我獨尊(me first)的國家觀、世界觀。

2010年2月初，中國高級法院如所預料，維持北京中
級法院去年12月底對劉曉波的11年徒刑判決。美國、英
國、歐盟等都立即發表強力譴責言論。中國卻強硬反彈，
揚言「中國不容忍干涉它的內部司法事物」(China brooks no
interference in its internal judicial affairs)。中國外交部發言人馬朝旭
還嚴厲宣稱，「中國沒有異議份子」(There are no dissidents in
China)。

真是狂妄之言，與回去歷史過去的乾隆皇帝對大英帝
國喬治三世(King George III)說的一段話遙相互應，彰顯的自
大心態一樣：

「天朝撫有四海，惟勵精圖治，辦理政務，奇珍異
寶，並不貴重。爾國王此次齎進各物，念其誠心遠獻，特
諭該管衙門收納。其實天朝德威遠被，萬國來王，種種貴
重之物，梯航畢集，無所不有。爾之正使等所親見。然從
不貴奇巧，並無更需爾國制辦物件。是爾國王所請派人留

京一事，於天朝體制既屬不合，而于爾國亦殊覺無益。特此詳晰開示，遣令該使等安程回國。」

費正清在他的經典之作《*The United States and China*》，一開頭就引乾隆的狂言，並翻成英文：Our celestial empire possesses all things in prolific abundance and lacks no product within its borders. There is therefore no need to import the manufactures of outside barbarians。

真是不知天高地厚，目空一切，傲慢無禮。其實，像漢武帝、唐太宗、明太祖、乾隆皇帝一樣，老毛造反建造的絕不是馬克斯主義無產階級革命的烏托邦，而是「中國中心」(Sinocentric)的中央帝國。鄧小平改革開放建構的經濟大國，一樣富國強兵(但民窮)，為的是重建、重振傳統專制中國中央帝國的威力、威望。

陸克文和歐巴馬身邊的中國問題專家，讀過費正清的大作。但是，他們都好像忘了他一再強調的中國根深蒂固的帝國主義、民族主義的歷史傳統、文化本質、政治心態。

我1971年來澳洲昆斯蘭大學教中國政治，初期教了3個特別傑出的學生。

1. 是Nick Knight，專研馬克斯主義和毛澤東思想，在我手下唸完榮譽學位後去倫敦大學，在Stuart Schram大師指導下拿了博士。後來寫了幾本享譽士林的大作，並在澳洲Griffith大學當上講座教授。他對老毛的無產階級革命本抱希望，但終究大失所望，終生鬱鬱不樂。

2. 是Ian Bauert，像陸克文，他中文很好，曾任澳洲駐外官員，後來進入力拓(Rio Tinto)礦業公司，負責中國業務，日前被派去上海處理胡士泰竊密案。面對中國的蠻橫作為，他一定滿懷恐懼、無奈。他應該回想當年我要他讀的費正清大作。

3. 是Wayne Swan，他曾在大學教書，學優則仕，進入聯邦國會，兩年前和中學同學陸克文贏得政權，負責澳洲財經大政(Treasury)，表現亮麗。我們多年沒見面，日前，同被邀請參加宴會，他一見我就打招呼，上台演講也一開口就提起他1974年上我中國政治課的往事。和我聊天，語氣深長地告訴我，他現在才了解我當年說的話，說兩年來和中國高層見面談判，他發覺「他們都像帝王時代的中國皇帝」，非常高傲，很難應付。

拿波崙說過，中國是睡獅：「這裡躺著一個睡獅，讓牠睡，不然牠醒來時會搖動世界。」(Here lies a sleeping lion, let him sleep, for when he wakes up, he will shock the world)

睡獅醒來還是會吃人的獅子，不會變成和平的鴿子。毛澤東、鄧小平、胡錦濤的中國，越崛起越像乾隆皇帝的中國。歐巴馬、陸克文等民主國家領袖不了解這個中國，認為它會和平演變變成類似他們的自由民主國度。這種想法，雖非完全緣木求魚，卻也非常理想主義，不切實際，與冷酷現實有相當大的差異。

因此，不僅他們相信自由主義，希望與中國和平連接，將踢鐵板，恐怕還會現實主義地誤判國際權勢平衡，

像二戰前的英國首相張伯倫(Neville Chamberlain)、美國總統羅斯福(Franklin Roosevelt)等誤判納粹德國、軍國日本的帝國主義本色、本性，導致巨大人類歷史悲劇。

(2010.03.14)

再論中國「和平崛起」

鄧小平改革開放30年，中國經濟起飛，2010年超越日本成為世界第二經濟(GDP)大國。加上窮兵黷武，爭奪亞太、甚至世界霸權，東亞、東南亞、南亞各地區權勢平衡板塊都在移動，引起美國、日本、南韓、印度、東南亞諸國疑慮，也引起國際政治諸多爭論。

最近論述叢出，百花齊放。不過，論述重心歸根結蒂不離兩點：

1. 是，中國崛起虛實之爭，中國經濟起飛真能再維持20、30年、追過超強美國？也即所謂「中國模式」是真材實料，真能長期、甚至永續發展，超越美國的自由民主市場經濟的發展模式，另成典範(paradigm)？

2. 是，專制中國與民主美國(及其他亞洲地區民主國家)有根本文明衝突之處，很難避免權勢鬥爭、戰略對立、甚至掀起戰爭？

這兩點爭論，最近此起彼伏，爭得沸沸揚揚。其實，詳細拜讀後，並沒發現太多新意。

近年來，我曾繼續思考、研究這兩議題，發表不少有關論述。

對第一議題，我的看法一直沒變，中國經濟高速發

展是有耀人之處，但並無獨特之處，沒有所謂「中國模式」，基本上是二戰前德、日專制國家資本主義(state capitalism)的複製品。在一定程度上與亞洲4小龍的「亞洲價值」模式類同。

因此，我不認爲「中國模式」可以長期繼續有效運作下去。1980年代，傅高義(Ezra Vogel)的《日本第一》(*Japan as Number One*)轟動一時，被認爲是可以實現的預言。結果，10年不到預言就破滅。傅高義目前正在快馬加鞭趕寫他的鄧小平傳，我想他不敢再預言「中國第一」。(補記：2012年6月，傅高義大作見世，把鄧小平捧上天，認爲中國第一趨勢已成。)

世界銀行資深副總裁暨首席經濟學家、台灣逃兵、中國御用學者林毅夫，日前(《旺報》，2010.09.11)在上海出席台胞社團論壇，表示當前全球經濟仍「陰晴未定」，針對中國大陸經濟局勢，他特別引用毛澤東「風景這邊獨好」一詞，形容2010中國經濟成長應達9％以上，而2011年也會維持年成長8％以上。

林毅夫說，中國「破八優勢」可維持20至30年，「到2025年經濟體將超越美國，2050年大陸占全球經濟總體規模將至少超過30％」。

眞是大言不慚，大膽的預言。雖有學者專家、政治人物認爲中國經濟發展30年來是相當亮麗，但嚴謹學者、經濟學大師如諾貝爾獎得主Amartya Sen、Paul Krugman等，很少有人會相信林毅夫如是的斷言。

大概只有台灣的「終極統一」派，如連戰、吳伯雄、

馬英九之輩，才會盲目相信，並死心塌地把台灣的經濟(之後政治)命脈放在專制中國手中。

2006年被《華爾街日報》評為「中國十大最具影響力的經濟學家」之一、美國耶魯大學傑出經濟學教授陳志武，最近出新書《沒有中國模式這回事》，警告，中國不要以為這麼多年來的高度經濟成長靠的是自己「中國模式」的獨門秘方。他說，根本沒有中國模式這回事。

他認為，中國這麼多年來的高度成長，根本是美國主導了全球「單極秩序」，中國才能從中得利，順利獲得的。因此，他固不贊成美國成為霸權，更不以為中國以潛在霸權的心態去挑戰目前的單極秩序是聰明的，他認為那注定是一場災難。

陳志武指出，中國的經濟增長所憑藉的後發優勢已經逐漸耗盡，同時，後發劣勢越來越突出。和印度相比，在消耗完低價勞動力成本的時候，制度性劣勢就會拖住中國發展的後腿。

在中國能源飢渴全球佈局之時，他指出，在此時重新解讀鴉片戰爭，從跨國公司的角度換位思考，中國政府現在的海外利益保護，其實也面臨當年英國同樣的問題。只不過當年英國要靠武力來保護自己的海外利益，而中國應該依靠當下的國際秩序和法律來保護。

他還充滿了創見，從金融角度解釋傳統儒家文化，指出儒家文化其實是一種隱形金融工具，但這一文化制度使得中國人勤勞而不富有、快樂，使得政府陷入財務危機而

走入王朝循環週期。

從以上我們可以看出，陳志武的思想涉獵極廣。而無論從哪一個角度來看，他都不認爲「中國模式」有任何值得留戀之處。相反的，他期待今天的中國人能借重近代西方的金融技術，從古老的中國文化與歷史枷鎖中解放出來。

在一片以西方學者主導的關於「中國模式」的爭議聲中，這位出身中國農村的耶魯學者的鮮明立場可以爲我們提供一個嶄新的視野。

陳志武這樣建議：「鄧小平宣導韜光養晦的外交政策，此時此刻，重新思想，依舊是十分必要的。」

他認爲，唯有師法「金融乃國富之王道」的西方模式，中國經濟才能持續發展。要借鏡西方模式，首先就要體認「民主、自由與人權」普世價值對經濟發展的重要性，這也是沈恩(Amartya Sen)教授一直提倡的「發展即自由」(development as freedom)。

這些話，我多年來一直強調。持此論的不只陳志武和我，還有很多被尊敬的經濟、政治學家。

至於上面提的第2議題，美中兩強是否大戰，我也曾從國際政治現實主義與自由主義的對立角度論述，認爲在民主與專制的文明衝突下，美、中權勢衝突、武力交戰，雖非必然卻也很難避免。

最近，美、中兩國在日本海、黃海、東海、南海一系

列的龐大軍事演習，互別苗頭，已到「眼對眼」(eye to eye)
的程度，凸顯了這個戰略矛盾、衝突的嚴峻性。

當代現實主義理論大師、芝加哥大學的國際政治
學教授John Mearsheimer，2010年9月5日，在澳洲雪梨
大學作一年一度的Michael Hintze Lecture in International
Security，他的講題是《暴風來臨——中國挑戰美國在亞
洲的權勢地位》(*The Gathering Storm--China's Challenge to US Power in
Asia*)。

他的論述和我的看法一向一致，認為專制中國不可能
「和平崛起」，美中關係一定無法限於經濟，不可避免一
定牽連到兩強在亞洲、甚至世界的戰略對立、權勢競爭，
最終雖非必然卻也很難避免導致戰爭。

針對上述論述，最近滿紅的華裔年輕戰略學者John
Lee，著文《中國崛起與戰爭之路」》(*China's Rise and the Road
to War, The Wall Street Journal*, August 5, 2010)。除了同意Mearsheimer
的論點外，他還提出一個很有意思的歷史事實。他指出，
經貿關係的緊密連接並不能免除戰爭的威脅。

他舉第一次世界大戰前的西歐大國、英、德、法之間
的密切經濟關係為例，3國之間的貿易，高達各國GDP的
38％-54％之間。大戰爆發前10年，3國之間的貿易、相互
投資急增65％與84％之間。英國還是德國的最大出口市
場。

但是，經濟關係的增強，最後還是無法阻止德國動武
侵略，發動世界大戰。馬英九認為台灣與中國「一中」經

濟整合，就可避免中國武力併吞台灣，一樣不切實際，一廂情願。

澳洲國立大學(ANU)的戰略研究中心主任Hugh White，被被認為是澳洲最權威的戰略學者，最近發表大作《Power Shift》(權勢移動)，其論述頗值重視。在一定層面上，他的看法和台灣的馬英九相似，和Mearsheimer相反。雖太簡化，但在國際政治的光譜上，White 是自由主義者，Mearsheimer是現實主義者。

White 的論述重點是：亞太地區的權勢板塊正在移動，美國的權勢在衰退中，中國的權勢在崛起中，正迎頭趕上，追上美國。美、中兩強要避免為了爭奪霸權而兵戎相見，並共同和平共存維持亞太及世界的安定與和平，非在權勢板塊移動中尋求新平衡點不可；在武備上不要無止境地盲目競爭，甚至要裁軍(尤其是核武)。

美國不要戰略獨霸(domination)，中國也不要尋求武力超越美國，獨霸一方。雙方權勢要大約均等、平衡，你不能、不要權勢壓制我、吃我，我也不能、不要權勢壓制你、吃你，你我共主共同領導維持亞太、甚至世界的經政秩序，以達天下太平。

這雖不完全是投降主義，但也是相當一廂情願、妥協主義的理想主義。

非常不切實際。中國從老毛開始，到老鄧、江澤民和胡錦濤，不管國窮、國富，拼命發展軍力，窮兵黷武，就是要爭取亞太霸權。不僅挑戰、還要超越前蘇聯和美國的

武力優勢，尤其把美國戰略權勢趕離亞太地區。

過去30年，隨其經濟高速發展，中國官方國防預算，平均每年都增加15％以上(實際花費一定更大)，比GDP成長(約10％)更高，軍力迅速超越英、法、德、日、俄等強國，成為美國之後的第2軍事大國。要它停止如是如火如荼的軍國建設，談何容易。

同理，Mearsheimer也指出，美國GDP是中國的3倍多，國防預算是全世界其他各國的總和(包括中國)，軍事科技更領先中國超多(戰略學家評估約進步30年)。要美國停止或緩慢國防建設，等著讓中國追上，美、中權勢均等，都當老大，一樣不切實際，是癡人說夢話。美國絕對不可能這樣做。

政論家林濁水評論中國的「爭霸夢」(《蘋果日報》，2010.09.06)時，引述北京清華大學國際政治教授楚樹龍：「我們的軍機和軍艦只會愈來愈多。....中國做亞洲軍事大國是必要的....要達到西太平洋最強的程度，超越美軍....針對美軍充分部署。」這是中國領導層不公開宣稱但一直在追求的權勢目標。

2006年7月14日，英國《金融時報》和美國《華爾街日報》亞洲版報導：中國國防大學的一名少將軍官朱成虎(朱德孫子)公開揚言，如果美國介入台海戰爭，對中國進行導彈襲擊，中國可能在常規戰爭中使用核武器來對付美國。

美國國務卿希拉蕊2010年9月8日在華府智庫「外交關

係協會」發表演說指出，國際關係的一個「新美國時刻」（a new American moment）業已到來，美國「有能力、必須、也將會領導21世紀」，但必須用新的作法，其中包括加強在亞太地區佈局，重振在亞太地區的領導地位。(*New York Times*, Sept. 8, 2010；*Christian Science Monitor*, Sept 8, 2010)

　　布希時代的國防部官員更是強硬，前國防部副部長、駐UN大使John Bolton曾說過，「美國絕不允許任何其他國家的武力超過美國。」

　　林毅夫的說法不值重視，陳志武、John Mearsheimer、John Lee、 Hugh White等學界俊彥的論點，不容輕視。楚樹龍、朱成虎、希拉蕊等的說辭，則有其權勢政治的現實意涵，更不可忽視。

　　總之，最近有關上面兩個「中國模式」、「美中戰爭」議題的一系列論述，拜讀後並沒有改變我多年來的看法：所謂「中國模式」是發展理論的「迷思」，專制中國目前的國家資本主義發展模式，和二戰前的納粹德國和軍國日本的國家資本主義本質一樣，不可能繼續高速發展追越美國，還因其專制政治本質很難避免和民主美國(及日本、南韓、印度、印尼等國)權勢衝突、甚至爆發戰爭。

　　中國經濟、軍事崛起是「和平崛起」，不會動武打台灣，不會和美國爭霸、開戰？誰信？

　　美國人不相信，日本人、南韓人、印度人不相信，恐怕連李光耀都不相信。然而，馬英九相信，你說他不是傻瓜，或是台灣的賣國賊，是什麼？

(2010.09.17)

後記：《澳洲人》(*The Australian*)的主編David Uren，2012六月初發表大作*The Kingdom and the Quarry: China, Australia, Fear and Greed*，指出，陸克文的2009年國防白皮書，視中國崛起為威脅，澳洲2030年前要大肆增進武備，包括12艘新的潛艇、數10架新的F35戰機(Joint Strike fighters)，及先進飛彈等。

該白皮書沒有公布的還有一個與中國開戰的戰略、戰術計畫，細節詳盡。這個計畫如今曝光，更顯示澳洲雖經濟依賴中國、但國家安全上相當現實主義，視中國為敵，並戰略上深謀遠慮有和中國一戰的準備。

歷史見證的一張椅子

一張空盪盪的椅子，無聲無息，卻震撼人心，留芳百世。

一張空盪盪的椅子，在世人注目下，讓有數千年光輝歷史、世界最大人口、第二大經濟和軍事強權的「中央大國」(Middle Kingdom)灰頭土臉、氣急敗壞、驚惶失措，受盡世人訕笑，成為當代人類現代文明的最大諷刺。

一個心懷和平、手無寸鐵的文弱書生，因為寫了支持自由民主人權、要求專制中國民主憲政改革的文字，就被關在黑牢裡，動彈不得，無聲無息；卻令這個連超強美國都不敢得罪、都要小心翼翼應對的權勢中國，如芒刺在背、坐立難安，殺他也不是，放他也不是。抓起來、關起來，還是讓中南海諸公心不寧、神不靜，半夜睡覺都做惡夢。

劉曉波獲得諾貝爾和平獎，彰顯的中國究竟是何方神聖？是什麼樣一個國家？是歷史恐龍、還是現代強國？是挑戰美國的強權、還是弱不禁風的紙老虎(paper tiger)？這個國家的國力是大是小、是真是假，是實是虛？一連串的問號，叫人霧煞煞，不知從何答起。

要回答這些問號，需要細述一些「藏著魔鬼」的歷史

細節：

2010年10月8日，諾貝爾委員會宣布將 2010年和平獎頒予劉曉波，表揚他長久以來在中國用非暴力方式爭取基本人權。委員會相信，人權與和平有緊密關係。人權是諾貝爾(Alfred Nobel)在遺囑中所言「國邦友好」的先決條件。

委員會說，中國享有新地位，必須承擔更多責任。中國不但以締約國身分，違反多項國際協定，更迫害自己憲法保障的公民權利。中國憲法第35條明訂，「中華人民共和國公民有言論、出版、集會、結社、遊行、示威的自由」。但實際上，中國人民的這些自由一再受到傷害。

過去20多年來，劉曉波一直是推動中國尊重基本人權最有力的代表人物。他參加了1989年天安門示威。他是爭取中國尊重人權的《08憲章》起草人；《憲章》在UN《世界人權宣言》發表60周年(2008年12月10日)發表。翌年12月25日劉曉波因「煽動顛覆國家政權罪」，被判入獄11年，剝奪政治權利兩年。劉曉波一直堅稱，該判刑違反了中國憲法，侵犯基本人權。

挪威媒體稍早前報導，這次和平獎提名人數共237位，歷史最高。是故，劉曉波得獎特別彌足珍貴。

2010年12月10日世界人權日，在挪威首都奧斯陸正式頒發諾貝爾和平獎，由於中國的打壓，劉曉波的妻子跟家人全部遭到嚴密監控，不克出席頒獎典禮。

這是諾貝爾和平獎75年來，第2次沒有得主或其親屬前來領獎的典禮。在禮台中央懸掛著劉曉波的巨幅照片，

旁邊則擺放7張椅子，其中6張是給諾貝爾委員會的有關成員坐，左邊數起第2張是空椅，代表無法到場的劉曉波。

當委員會主席亞格蘭(Thorbjørn Jagland)宣布頒獎給劉曉波、把獎章放在空盪的椅子上時，全場來賓為之動容，大家起立鼓掌，長達1分半鐘。

這個鏡頭經過國際媒體傳遍全球，一樣動人，但在中國全面封殺下，除了網路達人，大部分的中國人都看不到。

亞格蘭致詞時說：「我們遺憾得主今天不在場，他孤獨地在中國東北部一座監獄，得主的妻子劉霞或他的親屬也不在場，因此今天將不會頒出獎章或證書，然而，單是這樣的事實就顯示，這個獎是必要而且是適當的。」

他說：「這個獎提醒世人，我們今天廣泛享受的權利是一些人冒著極大危險奮鬥贏取來的，他們為別人付出，這就是為何劉曉波值得我們的支持。」「劉曾告訴他的妻子，他要將今年的和平獎獻給『六四亡靈』，很高興我們能達成他的願望。」

挪威政府對全球65個在挪威設有使領館的國家發出邀請，包括日本、印度等48國接受觀禮邀請，16個國家，俄羅斯、哈薩克、突尼西亞、沙烏地阿拉伯、巴基斯坦、伊拉克、伊朗、越南、阿富汗、委內瑞拉、埃及、蘇丹、古巴、菲律賓和摩洛哥，大多受到中國的威脅利誘，拒絕出席。

包括美國眾議院議長裴洛西、挪威國王伉儷以及其他

貴賓、中國流亡人士與香港民運人士等1千人，不顧拂逆中國出席典禮。

世界民主國家的人民和領導人，都異口同聲讚揚劉曉波得獎。上屆和平獎得主、美國總統歐巴馬稱讚他「動人和勇敢」(eloquent and courageous)，得獎是實至名歸，呼籲中國盡快釋放劉曉波，他說：「劉曉波先生遠比我有資格得這個獎。」他還指出，「這個獎提醒人們，中國在經濟改革中取得巨大的成就，但是政治改革並沒有跟上。」

美國國會眾院院會以402票支持、1票反對的票數通過祝賀劉曉波獲獎的議案。

UN秘書長潘基文對劉曉波獲獎表示歡迎，並發表聲明稱：「劉曉波獲獎突顯了世界上對改善人權日益增長的關注。」他並呼籲對獲獎人的不同看法不應該影響國際人權事業。

同為諾貝爾和平獎得主的西藏精神領袖達賴喇嘛，也向劉表達祝賀。他說：「頒和平獎給他，是國際社會承認在推動中國走向政治、法律與憲政改革的過程中，中國人民有愈來愈多的聲音。」

達賴說：「我個人對於數以百計的中國知識份子與有志公民的努力，既感動，也受到鼓舞，包括劉曉波先生簽署《08憲章》，主張中國的民主與自由。」

另一位諾貝爾和平獎得主、前波蘭總統華勒沙(Lech Walesa)說：「我非常滿意諾貝爾委員會的決定。我認為這是給中國與全世界的一項挑戰，國際間必須說明，是否準

備好幫助中國進入到一個尊重民主原則與價值的境界。」

　　歐盟執委會主席巴洛索(Jose Manuel Barroso)說，這對全世界犧牲自己以爭取自由和人權的人士，發出強烈的支持訊息，自由和人權是歐盟價值的核心，諾貝爾委員會的決定凸顯出其享有普世的重要性。

　　其他，如推薦劉曉波應得諾貝爾和平獎的捷克前總統哈維爾(Vaclav Havel)、前南非大主教屠圖(Desmond Tutu)、澳洲總理吉拉德(Julia Gillard)、德國總理默克爾(Angela Merkel)日本首相菅直人、英國外相海格(William Hague)、法國外長庫什內 (Bernard Kouchner)等政治領袖，也都說了類似的鼓勵、支持的話。

　　總部設在倫敦的國際特赦組織同樣推崇劉曉波得獎，而且希望這個獎「將讓外界注意到劉曉波與中國其他許多異議人士，為基本自由與人權穩固保障所做的努力」。總部設在紐約的人權觀察(Human Rights Watch)也呼籲中國應釋放劉曉波與國內所有良心犯。

　　劉曉波獲得諾貝爾和平獎，全球媒體大都紛紛以頭條報導，權威報紙，如《紐約時報》、《華盛頓郵報》等，更一連好幾天發表一系列的深入報導、評論、社論，大聲讚揚劉曉波和諾貝爾和平獎委員會。

　　但在中國，電視台與主流網站卻幾乎隻字未提。中國在第一時間就封鎖消息，態度強硬，中共宣傳部下令，所有媒體，包括CNN、BBC、NHK，還有網際網路，都不准傳播有關「劉曉波」、「諾貝爾」、「和平獎」等有關

的消息。在中國各大入口網站如《新浪》、《搜狐》、《百度》等，都找不到搜尋結果，就連在社群網站的《微博》搜尋，也都只會發現一片空白。

北京當局更把劉曉波夫人劉霞軟禁在家，不准與外界接觸，連她母親都不能打電話給她。之外，根據國際人權組織的統計，約有270名中國民運、維權、異議人士，包括「天安門母親」丁子霖夫妻、藝術家艾未未、作家余杰、維權律師滕彪等，不是被隔離、軟禁，就是突然「失蹤」、「去度假」、「回故鄉」、「電話關機」、「網路斷線」，還有要出國在機場被擋駕。

中國外交部發言人馬朝旭在劉曉波獲獎消息公佈後，立刻發表聲明，表示劉曉波獲得和平獎根本就違背了獎項原本的宗旨，諾貝爾和平獎頒給劉曉波，是對和平獎的一種褻瀆，也會損害中國與挪威關係。北京並立即召喚挪威駐北京大使表示抗議。

其實，數月前，北京就曾派遣副外長傅瑩去奧斯陸向挪威政府和諾貝爾委員會下壓力：如頒發和平講給劉曉波將有嚴重後果，引發負面反彈(negative reactions)。

中國外交部發言人姜瑜，指責挪威頒給劉曉波的諾貝爾和平獎，是一場由諾貝爾獎委員會裡的「小丑」所導演出來的「反中國鬧劇」。

有關「小丑」、「鬧劇」這些形容詞，很多人聽了，直覺會馬上想到北京御用學者趕在諾貝爾和平獎之前，於12月9日頒發給台灣前副總統連戰「孔子和平獎」的黑色

鬧劇，令人啼笑皆非。

還有，中國似乎很得意它施展外交威力成功，說有100多個國家沒參加諾貝爾和平獎的頒獎典禮。事實上，挪威只邀請了在奧斯陸當地設有大使館的65個國家派代表參加，其中，48個國家接受了邀請。

至於沒有參加的16個國家，除了菲律賓，其他如伊朗、越南、蘇丹、古巴等都是專制獨裁國度。而且大都受中國威脅利誘而屈服做出缺席決定。

由上述歷史細節，我們看到內藏「魔鬼」的中國真相是：今日經濟、武力崛起的中國，換湯不換藥，依然是2000年來中國傳統專制帝國主義的歷史恐龍，其現代科技、工廠、市場經濟的國家資本主義，是1930年代納粹德國和軍國主義日本的翻版，絕非追過、超過現代化的後現代主義的「中國模式」、「北京共識」，其專制、帝國主義本質一樣。

英美各國教授中國政治的學者，常用兩個字來簡化形容中國2000年政治文化、制度的精髓所在，1. 是「superiority complex」(優越感、自大狂)，2. 是「inferiority complex」(自卑感)。尤其在1840年鴉片戰爭後受盡西方帝國主義羞辱後的清末、民國及共產中國，更是在這兩「感」的矛盾心態交叉影響下，時而自大、時而自卑，有時可以自大時卻自卑不已，有時應該自卑時卻盲目自大不已。

清末、民國的中國，明明是亞洲病夫，弱不禁風，卻

常常裝腔作勢，自認為仍是漢、唐、元朝的中原大國，睥睨天下，把其他各國都看成是蠻夷野蠻國度，自大狂大到像吹氣球，越吹越大，最後當然吹破，讓人見笑。

鄧小平改革開放後強權崛起的中國，今天已是世界第二強國了，卻還常常像清末、民國中國一樣，自認落後、貧窮；抱怨全世界，尤其是美國、日本等民主國家，都看不起、在欺負中國；常常自卑感症候群作祟，言行如小媳婦，一點也不像是科技先進、武力龐大、世界最大工廠、最大消費市場的泱泱大國。

但是，他們又常常囂張、鴨霸，目中無人，自認是歷史最悠久、文明最先進、2020年就要經濟超過美國、創立「有中國特色的社會主義」、「中國模式」、最先進的世界大國。並民族主義高漲、發飆，自認為21世紀是中國的世紀。好像他們又回到漢、唐、元朝帝國主義雄霸天下時的「中央大國」。

他們耀武揚威，以為有世界第二大GDP、最大(2兆多美元)外匯存款、數百顆核彈頭和洲際飛彈、先進戰機、戰艦並正在製造航空母艦，就可以在國際政壇橫行霸道，一句話就可以把整片黃海、東海及南海海都納入「中國核心利益」，讓日本、美國、東南亞各國都跳腳。

不過，有人指出，面對全世界、面對普世民主人權價值，小小一個挪威、一個諾貝爾委員會，一個手無寸鐵的文弱書生劉曉波，就可以不買中國的帳，就可以像童話中的小孩，指出那自以為穿著華麗新衣的「國王」，其實一

絲不掛。

這個童話描述的，雖輕描淡寫，但也深刻畫出了當今中國的實質形象。

1935年，反納粹專制政權而被希特勒囚禁的和平主義者奧西茨基(Carl von Ossietzky)，獲得諾貝爾和平獎。希特勒禁止他出國，還對外謊稱他有權出國領獎，但又修改法律禁止任何德國人領取諾貝爾獎。同時，類似北京設立的「孔子和平獎」，希特勒也氣急敗壞、荒誕不經地設立「德意志科學文化獎」，要與諾貝爾獎打對台戲，一樣立即成為當年國際最大黑色笑話。

一張空盪盪的椅子，見證了歷史，有力證明2010年的中國就是1935年的德國，都是國家資本主義、專制獨裁、軍國主義、威脅世界和平的國家。在自由民主人權普世價值下，它們都是站在歷史錯誤的一邊，狂妄自大，卻又外強中乾，自卑、自怨，對自己沒信心，認為別人都在欺負它們、看不起它們。這種國家常陷入四面楚歌、風聲鶴唳的恐慌氣圍裡，一不小心就發動侵略戰爭，造成人間浩劫。

(2010.12.29)

中國求安也求霸

2008年馬英九選上台灣總統，宣布「不獨、不統、不武」。至今ECFA簽了，「先經後政」走到了十字路口，北京要提出政治議程，馬英九面臨進退失據的挑戰。能否在經濟走向「一中」市場的同時避免被迫入「一中」統一的政治死路？能不因而出賣台灣國家主權、自由民主人權？都令人疑慮。

馬英九要「終極統一」，雖說不在他的總統(8年)任內和中國談統一，但做的卻又是「溫水煮青蛙」邁向統一的「奧步」。他選前說的「統一要等到中國民主化」，沒人相信。

2011年三月底，台灣的唐吉訶德、民進黨前主席許信良宣布參選總統。他說：台灣沒有主權流失的危機；台灣沒有被統一的威脅；現在，要讓台灣的經濟持續成長的最有效對策，就是對「陸資、陸客、陸生」大膽開放。他相信：「包括13億中國大陸人口在內的華人世界，是台灣的資產，而不是台灣的負債。我們有條件成為華人世界的價值聖地。我們的民主領先華人世界。」台灣可以影響中國，讓他們走向民主、法治、寬容，所以，他一向主張兩岸應更進一步地開放。

　　上述都是天眞的話。許信良的「大膽西進」和馬英九的「三不」，都建構在「經濟高速發展、中國現代化、會對自己有信心、不會武力打台灣」、「台灣的民主自由可以保護台灣，並影響中國民主化」，等等大膽假設說的天眞的話。

　　蘇貞昌在總統初選首場政見會(2011.04.09)上說，「中國人民富有後，會要求更多自由，接著就要民主。對中國，台灣應該更有自信，不去挑釁中國，應關切中國人權狀況，協助中國人民早日實現民主、享受自由。」

　　此說與馬英九、許信良想法相似。西方很多學者、論者、政治領導人也有類似看法。最近讀到不少有關上述議題的文章，引起爭議，值得我們注意。

　　華盛頓大學的戰略學家Charles Glaser，在《外交事務》(*Foreign Affairs*)(3/4月號，2011)發表論述，《中國崛起會導致戰爭？》(*Will China's Rise Lead to War?*)，認爲中國崛起不一定會導致美中大戰。只要美中領導人有智慧處理雙邊關係，美國對新的國際現實政策調整，對中國有所讓步，不誇大(中國威脅)危險，美中之間大的衝突可以避免。要如此，美國東亞政策需要調整，美國需要維持與日本和南韓的戰略伙伴關係但也需要放棄對台灣的盟邦義務(TRA《台灣關係法》)。

　　Glaser認爲，專制中國不是希特勒的德國，沒有掠奪領土的帝國野心，這論點頗值商榷。更嚴重的是，他的論述完全排除美中核心價值、民主與專制不可避免的文明衝

突。美國很多人一定不同意爲了和專制中國妥協而犧牲民主台灣。何況美國還有TRA，於法、於理、於情，要輕易奉送台灣給中國，一定有很多美國人不同意。

還有，台灣對美國、日本、南韓、澳洲等國在亞太地區的權勢平衡有一定戰略價值，這不是Glaser一廂情願的論述可以輕易忽視的。

其實，Glaser的論述並不稀奇，不少學者持相似看法。不久前，澳洲國立大學戰略學家Hugh White就曾發表類似論述，比Glaser還要有理論深度，一樣引起爭議。我曾撰文評論(《玉山週報》，2011.03.02-08)。

在同期的《外交事務》，另有普林斯頓大學教授Thomas J. Christensen文章《自我肯定的中國有好處 — 回應北京的強勢外交》(*The Advantages of an Assertive China—Responding to Beijing's Abrasive Diplomacy*)，認爲中國這兩年來的表現缺乏自信，情況嚴重，與美國、日本、南韓、東南亞等國的關係劍拔弩張。理由1是中國過分膨脹自己國力崛起的全球投射力，2是領導人對自己嚴重缺乏安全感，疑神疑鬼。

Chritensen的看法與Glaser相反。也在同一期《外交事務》，還有一篇北京大學國際學院院長王輯思的大作《中國在尋找大戰略 —— 崛起大國在找出路》(*China's Search for a Grand Strategy—A Rising Great Power Finds Its Way*)，值得一讀。王是中國較有國際觀、了解西方民主國家的學者。他認爲，中國目前雖有「保護國家主權、安全及發展」的戰略主軸，但面對錯綜複雜的國際政經關係並沒有明確的外交大戰

略。

　　他認為，面對美國、日本、歐盟等民主國家，不能一味敵視，也要合作，更要多少認同自由民主人權的普世價值。

　　這是相當大膽的建議。他還說，馬英九不追求台灣正式從中國獨立，北京相信台海和平可以維持。但是，他堅持台灣如宣布正式獨立，不管有無美國支持，中國非動武不可。

　　不久前，新加坡內閣資政李光耀訪問台灣，與馬英九、蔡英文、蘇貞昌等見面，稱讚馬英九的「三不」政策。馬英九、王輯思、李光耀、Glaser、White等都有共同看法，呼應鄧小平、胡錦濤等領導人的說法，認為中國要經濟發展、增強國力、國家安全(security)，但不會要區域和全球霸權(hegemony or domination)。中國崛起和希特勒的德國、斯大林的蘇聯的帝國主義崛起不同。

　　2011年3月31日，近年很紅的年輕戰略學者John Lee在《華爾街日報》撰文《為什麼台灣會失敗》(*Why Taiwan Will Fail*)，認為馬英九的ECFA達到台灣和中國經濟整合，但中國目的不僅是經濟、而是政治整合(統一)。馬英九的「三不」暫時可行，但長遠必然失敗。

　　Lee這些年來發表很多論文，我都看過，也曾和他一起開過有關國家安全的會議，聽過他的戰略論述。基本上，他屬新現實主義(neo-realism)的學者，思想理論和芝加哥大學新現實主義大師John Mearsheimer相似。

Mearsheimer2010年底發表的論文，《風起雲湧——中國對美國在亞洲的權勢挑戰》(*The Gathering Storm: China's Challenge to US Power in Asia*) (*The Chinese Journal of International Politics*, Winter 2010)，講得很清楚，中國崛起一定會要主導亞太區域安全議程，一定會挑戰美國在亞太地區、甚至全球的霸權地位。

Mearsheimer一針見血指出，大國、強國一定不僅尋求國家安全，必然會權勢擴張、尋求霸權。民主美國都如此，專制中國更必然如此。在亞太、全球戰略版圖上，美中權勢不衝突很難。

澳洲另一戰略學家Ross Babbage，2011年2月初發表研究報告，《澳洲2030的戰略優勢》(*Australia's Strategic Edge in 2030*)，更指明澳洲必須大肆擴充戰備、購買最先進核子潛艇(12艘)、戰機(F22、F35)、飛彈及其他武器，以因應中國崛起必然形成的戰略威脅。

Lee、Mearsheimer、Babbage等與Glaser、White等不同，認為武力崛起的中國和希特勒的德國、史大林的蘇聯一樣，都是帝國主義，不只求國家安全，也求霸權。

最近，中東、北非的茉莉花革命如星星之火燎到中原大國，但燎不起大火，燒不到中共政權。《紐約時報》北京特派員Andrew Jacobs，4月2日報導，《那裡茉莉花是茶不是造反》(*Where 『Jasmine』 Means Tea, Not a Revolt*)，認為西方學者的發展理論，中國經濟發展，企業家、知識分子、中產階級大量增加，導致公民意識的形成，要求政治參

與，進而推動民主現代化，並沒有在當下中國實現。相反地，中國新的經濟、社會、知識菁英大都是中共統治階級利益共生體的成員，是受益者，支持中共政權、中國發展模式(「北京共識」)，不願、不會參與茉莉花革命。

此說有如李光耀的新加坡模式，經濟發展與政治專制共存共榮，可以維持相當長的時間。問題是幾百萬人的城市國家新加坡和13億人口的中國不同。新加坡80％的人是中產階級，中國80％還是窮人，貧富差距又越來越大。中國窮人遲早會像突尼西亞、埃及、利比亞人揭竿而起，發動茉莉花革命，應可預料。

不過，2千多年的中國專制文化根深蒂固，中共是世界最成功嚴密控制的一黨專政。中國民主化的前景，目前還很難看到、看好。

茉莉花革命燒到中國後，中共政權反應強硬，風聲鶴唳，強勢鎮壓。龐大警力封鎖響應茉莉花革命的「散步」活動，連在北京王府井手拿茉莉花走路都不行。對於網際網路的控制已到滴水不漏的程度。對中國人數有限的異議分子更是全面性捕抓。

這段日子，週末支持茉莉花革命走上街頭的不到幾10人，但根據中國人權保衛者(Chinese Human Rights Defenders)的統計，已有30多位被抓。根據人權觀察(Human Rights Watch)的統計，3、4月間已有近200位人權律師、作家、記者、部落客及其他異議分子被抓。

4月3日，世界聞名的藝術家(北京奧運鳥巢的設計顧問)、異

議份子、人權鬥士、中共革命詩人艾青之子、最敢批判政府的評論家艾未未，在北京機場突然被捕，馬上震驚國際。

美國國務卿希拉蕊和歐盟領導人立即發言譴責，要求放人。希拉蕊說，2011年人權在中國惡化，令人擔憂。她說，艾未未的逮捕違法，美國要求中國釋放所有因合乎國際言論自由人權規範發言而被捕的人，並尊重中國公民的基本自由人權。

連UN人權組織都罕見地說了重話，認為中國對待人權積極分子及律師的「強制失蹤」(enforced disappearances)是違犯「國際法的罪刑」(crime under international law)。

總之，2010年底諾貝爾和平獎得主劉曉波被判刑11年，到2011年4月的艾未未被捕，世界第二大強國的中國給世人的印象絕不是一個對自己有信心、有安全感的國家。

中國2011年三月底發表的國防白皮書充滿四面楚歌、風聲鶴唳的不安全感，認為全世界都敵視中國，都要阻擾、壓抑中國崛起。白皮書宣稱，中國武力絕對能壓制所有敵人對中國的顛覆、破壞活動。

為了加強鎮壓反政府活動，中國2011年公安經費高達950億美金，比國防預算還高，顯示這個疑神疑鬼、缺乏信心的世界第二大經濟、軍事強國，非常不安、可怕，不可能是馬英九、許信良、Glaser、White等認為的只求安全不求霸權、而是Mearsheimer、Babbage、Lee等認定的

求安也求霸、有侵略性的帝國主義的國家。

　　馬英九的「三不」政策、中國不會打台灣的說法，天真浪漫，一廂情願，不切實際，必然導致台灣被侵吞的亡國道路。

(2011.05.09)

　　　　後記：2009爆發全球金融海嘯，美國、歐盟等國長期銀行亂貸款、人民亂花錢、國家亂印鈔票，造成的泡沫經濟終於破滅，引起1930年代大蕭條(Great Depression)以來最大的經濟危機。

　　世界最大工廠的中國，利用大量廉價勞工，製造平價商品，大量賣給美國、歐盟各國，造成20多年的快速經濟成長，超過日本，窮追美國，有2030年、甚至2020年GDP超越美國的說法。

　　2012年全球經濟衰退繼續惡化，中國兩大出口市場、歐盟和美國，沒錢再大量購買中國產品，中國經濟跟著衰退。2012年GDP保8(8%成長率)有問題，恐怕保7都要很努力。何況，連副總理李克強，都質疑地方報上來的經濟數字灌水。

　　中國要把出口導向的市場經濟改為內銷的國內消費市場經濟，面臨重重困難。中國國營銀行、企業、一黨專政、官商勾結、腐敗，法治殘缺、市場制度亂七八糟，貧富差距日益惡化、社會安全網還沒建立，消費文化(consumerism)要形成還很困難，都不利發展國

內消費市場經濟。

　　總之，2012年看中國，要繼續高速經濟發展，10、20年內GDP追上美國，應是不可能的任務，會像日本，失去1980-90年代「日本第一」的願景，中國經濟發展遲緩10年，倒是越看越有可能。

　　馬英九把台灣經濟鎖入中國，5年不到已險相百出，2012年GDP成長率將不到2％、甚至不到1％，亞洲4小龍中吊車尾，前景黑暗。

　　2012年三月，中共召開17屆黨大會第5次會議，準備年底18屆大會第5梯次領導層更替事宜，結果同時爆發1989年天安門以來最震撼性、貪贓枉法、謀財害命、爭權奪利的薄熙來(古開來)事件，把中共政權震得東倒西歪，雖未搖搖欲墜，卻也危機四伏，年底胡錦濤能否順利把權力交給習近平，充滿變數。如是脆弱的政權體制能長治久安，誰相信？

第二輯　台中關係

　　台灣和中國，冤家路窄，哪裡碰上都出問題，而且常是無解的問題。台灣海峽說寬不寬，說窄不窄。說窄，中國飛彈十幾分鐘就可以打到台灣；說寬，兩邊的距離，尤其是民心、民主與專制的距離，還真像「黑水溝」，又深又寬，難渡、難通。

　　中國對台政策，簡單明白，就是文的不成就要動武，根據「一個中國」原則和「一國兩制」模式統一台灣。他們從「九二共識」、「一中」原則、「兩岸一中」到「兩岸一國」，一步一步逼進，把台灣搞得手忙腳亂，走投無路。

　　台灣的中國政策，變來變去，不清不楚。從蔣介石父子的反共復國，李登輝的「特殊國與國關係」和陳水扁的「一邊一國」，到馬英九的「九二共識」、「一中各表」、「一中兩區」、「不統、不獨、不武」，及他胸懷的「終極統一」，實在令人霧煞煞，不知台灣要如何因應中國越來越銳利的統戰攻勢。

中國在為馬英九鋪路

2007年五月初，澳洲國立大學與台灣的政治大學舉辦一場學術研討會，主題是澳台戰略關係。會中談起亞太經合會(APEC)高峰會，台灣一位學者(藍色的)提出一個戰略創意的假設：假如阿扁總統提名國民黨榮譽主席連戰，代表他出席9月在雪梨召開的APEC高峰會，中國會不會同意？

引起一片笑聲。我馬上回應，中國一定同意，因為連戰是中國人(他以純正中國人為榮)，不是台灣人。他又剛去北京朝拜，和胡錦濤共商「聯共(黨)反台(獨)」大業。他來雪梨參加APEC高峰會，正中北京下懷，在20多位國家元首中大彈和平統一論調，何其和諧融洽，合胡錦濤胃口。

我又馬上靈機一動，提議說，若要如是逆勢操作，阿扁應提名馬英九，不是連戰。我心裡想，起碼馬英九講過「我是新台灣人」、反對香港「一國兩制」、「台獨也是選項」(後來改口說不是他和國民黨的選項)等話。他也還沒去北京擁抱胡錦濤，中國對他應還有一定疑慮、頭痛。

事後我反思，馬上察覺我是大錯特錯。馬英九和連戰半斤八兩，他的「終極統一」在北京中南海一定頗受歡迎。他是中國人，不是台灣人，馬、連難兄難弟，國家認

同本質一樣。

果然回家次日就讀到台灣統派報紙報導，中國正在替馬英九鋪路。明顯地，假如2008年馬英九選上總統，胡錦濤和馬英九一定快馬加鞭，推展中國和平統一大業。

該統派報紙報導，中國周刊載文指出，如果馬英九主政台灣，中國如何從理論上闡明馬英九的「人民決定論」與台獨的區別，如何從法理上批駁馬英九兩岸關係主張中內存的「台獨可能選項」，對中國的理論工作者和從事對台工作的實務人員來說，仍是一項艱鉅的任務。

這篇題為《如何應對馬英九「新中間路線」》的文章指出，從接任中國國民黨主席開始，馬英九漸次系統地論述他的兩岸關係主張。馬英九一開始提出「終極統一論」，遭致批評後又提出「台獨選項論」，但在「台獨選項論」再度遭致批評後，馬英九雖然提出解釋，但「終極統一論」終究不再提起，改以「維持現狀」取代。此後，馬英九斷斷續續又對兩岸關係提出一些新的主張和論述，所謂的「新中間主義」路線漸趨清晰。

馬英九的「新中間主義」包含幾個要點。首先，其出發點在於認同「台灣意識」，堅持「台灣優先」。其次，其著力點在於穩定政局，全力以赴發展經濟。第三，其要義是建構兩岸和平新機制，台灣不做麻煩製造者，大陸能放棄敵對心態。

但該文指出，馬英九「新中間主義」的要害是隱藏著「人民決定論」的影子。據稱，馬英九主張的「台灣的未

來應該由人民決定」，與民進黨「台灣前途決議文」中的相關論述，已經所差無幾。

文章說，與台獨主張相比，「新中間主義」畢竟是一種歷史的進步，但中國將有一系列問題必須面對。例如兩岸和平協議的簽訂問題中國如何應對？此外，馬英九一再強調中國應該給予台灣一定的國際生存空間，但問題是怎麼給予什麼樣的生存空間？再者，馬英九反對「一國兩制」。凡此種種，都將使中國對台工作的理論和實務上遭遇難題。

好個馬英九的「新中間主義」！讀起來像是要中國人民諒解、接受馬英九，其實居心叵測，一箭雙雕，一箭射中國國內讀者，一箭射台灣人民，要騙台灣中間選民的票，讓馬英九2008年選上總統大位。

該台灣統派報紙，一樣居心叵測，除與中國媒體配合演出外，還補上中國學者訪問報導如下：

對此，北京聯合大學台灣研究院院長徐博東表示，馬英九如果主政台灣，和民進黨的一個根本性差異是馬英九接受「一個中國」、「九二共識」，兩岸因此可以在這個基礎上坐上談判桌。他強調說，兩岸之間的任何問題都沒有這個問題重要。

但對於馬英九兩岸政策態度中隱藏的「人民決定論」，徐博東表示，如果馬英九表達出這種立場，那就偏離了他主張的「一個中國」。徐博東表示，大陸主張由「兩岸人民」來決定，而不是「台灣人民」，這種立場美

國總統布希也是認同的，他說，馬英九應該認清這個事實。

最後一點，徐博東胡說八道。不過，與上面報導呼應起來，其加強馬英九「新中間主義」力道、要讓台灣中間選民安心投票給馬英九的用心，昭然若揭，惡毒之極。問題是善良台灣人民，笨瓜一大堆，沒多少人可以看透這樣的論述陰謀。

台灣人民，尤其是那些淺藍、淺綠的，不要被騙。馬英九一選上，絕對大力推動他的「一個中國」、「九二共識」、「終極統一」的統一政策。什麼「新中間主義」、「人民決定論」、「台灣優先」，都是騙人的話，千萬不要聽信。

(2007.05.07)

馬英九的「三不」等同投降

馬英九選台灣總統，提出「不統、不獨、不武」的「3不」政策，並宣稱如選上並連任，8年任期間不會與中國談統一。但他要對中國大肆開放，門戶大開，並要與北京政權簽訂「和平協議」。

很多藍、綠朋友說，馬英九的中國政策就是維持現狀，合乎目前台灣處境困苦的國家生存利益，應可被很多台灣人接受。他們問我，「為何不可？」

我的答案非常簡單明瞭：萬萬不可。馬英九的「3不」政策不僅一廂情願，根本行不通。更嚴重的是，他的「3不」的「不統」是假，「不獨」是真，「不武」則不僅是虛、是假，還根本是投降主義。

馬英九的國家認同是中國，不是台灣。「終極統一」是他的畢生關懷和信仰。

他現在為選票而說任內不與中國共產黨談統一，只是權謀之計，騙台灣人民的話。還有，「不統」中國一定不同意、不接受。馬英九「不統」，中國要統，馬又奈何？他要和中國談3通、經濟整合、「和平協定」，能不談「一中」統一，鬼話，誰相信？

馬英九一生反對台灣主權獨立，他的「不獨」是他的

意識型態，說「不獨」當然是說眞的。他和中國大統一基本教義派一樣，寧願把台灣雙手送給中國共產黨，也不情願認同、接受台灣獨立建國。

他的「3不」最嚴重的是「不武」。他的「不武」一廂情願，人家中國共產黨領導人，從老毛、老鄧到江澤民和胡錦濤，沒有一個接受「不武」。他們一再宣稱的是，台灣不接受「一國兩制」的和平統一，他們就要武力解放台灣。

江澤民和胡錦濤更是說到做到，2005年制訂「反分裂國家法」，擺明就是要武力打台灣，他們部署1000多顆飛彈對準台灣，隨時可以打。面對此冷酷現實，馬英九還大言不慚，認爲他說說「不獨」就可以換來人家的「不武」。這不是一廂情願，與虎謀皮，是什麼？

馬英九和國民黨就是那樣天眞無知(無智)，一廂情願，認爲他們和中國共產黨是同根生的兄弟，可以「一笑泯恩仇」。

過去8年，台灣民主政黨輪替，民進黨執政，中國國民黨痛失55年一黨專制的政權，他們輸不起，恨要獨立建國的民進黨，比恨要統一台灣的中國共產黨還恨。所以，他們要「國共合作」、「反獨促統」，在立法院大力阻止購買先進武器，連李登輝時代就向美國要求購買的3項武器都一再杯葛、阻擋，一擋就是8年，讓台灣武備嚴重落後窮兵黷武、大量購買、發展尖端武器的中國。

美國人都跳腳，替台灣著急，馬英九和國民黨卻老神

在在。假如馬英九選上總統，加上國民黨控制4分之3席次的國會，他們會更推展「不武」政策，不購買先進武器，不武力防衛台灣，只妄想與中國簽訂沒路用的「和平協議」。結果，台灣與中國之間的武力強弱差距一定拉更大，台灣必失去基本自衛的國防能力，變成不堪一擊、任人宰割的弱國。

講白了，馬英九根本沒有為民主台灣的國家主權與專制中國一戰的意念、信心和決心。他認為台灣不能一戰，與中國一戰必輸。如果他當選總統，他要「不武」，人家要武，要武力統一台灣，他只有舉手投降。

馬英九擁有10多年(他說的)的美國綠卡，彰顯的是他對台灣沒認同、沒信心、腳踏兩條船的心態。中國武力統一台灣，他本來就是美國人的爸爸，很容易就可以逃難美國。

不跑去美國，他認同「一個中國」，胸懷「終極統一」，主張「3不」政策，要與中國簽訂「和平協議」，像鄭成功的孫子鄭克塽一樣，馬英九可以理直氣壯向祖國中國投誠、投降。

何況，他這樣聽話，投降後當個台灣特首，應該沒問題。

這樣投降主義的馬英九要選台灣總統，台灣人民選不選他，那就要看台灣人民的抉擇了。

(2008.02.13)

與虎謀皮、引狼入室

　　最近和中國旅澳學者談話，他們從2008年八月北京奧運的興高采烈、得意洋洋的「成功」舉辦，到9月的毒奶粉毒騙全世界的邪惡表現，從以中國強大為榮到以中國醜惡為恥，深感痛心無奈之情，表露無遺。

　　當我問「為何？」時，他們大都滿臉茫然，一時不知如何回答。當我提出西方學者、媒體幾乎一致看法，認為成也中共的專制政權，敗也中國的專制政治和文化，他們仍半信半疑。

　　只有像中國這樣龐大、嚴厲的專制國家，才能花430億美元的大錢，賠本賠錢，不顧億萬貧窮人民的苦難、死活，大動百萬人力、專制國家機械，嚴密、有效制度統合、控制、推動如是錯綜複雜的世界性巨大活動 — 北京奧運。

　　不過，「成功」與否？也是價值判斷的問題。我不認為京奧辦得有聲有色、整齊順利、豪華壯觀，中國拿一大堆金牌，把美國人比下去，讓中國人感到驕傲，世人另眼看待，就是成功。

　　君不見，京奧公然暴露中國違背奧林匹克求真求實的精神，弄虛造假，舞台上主唱歌手竟是替身、穿著中國56

個少數民族服裝的兒童全是漢人、施放煙火裝模作樣而非實況，乃至體操選手被揭發有謊報年齡之嫌。

更重要的是：中國答應履行奧運重視基本人權的諾言完全跳票。在世人注目下，迫害西藏、法輪功、民運、民權人士，依然我行我素、甚至變本加厲。連合法申請到京奧期間政府合法設立的「示威園地」，示威抗議被迫遷屋的兩位七旬老婦，都不僅申請不准，還莫名其妙被判處罪刑，差一點被送去勞改營「教育改造」。

這樣違背奧林匹克基本精神的京奧算成功嗎？很多人都懷疑。

至於中國黑心食品，尤其是毒奶粉及其他中國有毒產品淹沒世界，弄得世人人心惶惶。如含毒的動物飼料，有毒酒類、牙膏、水餃、奶粉，乃至兒童玩具、家具、毛巾、化妝品、電池等，不勝枚舉，令人談「中國毒貨」色變，根本無視消費者的權益，一味向錢看，喪盡天良、道德淪喪。

這些傷天害理的事情發生在崛起中國，絕對不僅是因為老毛瘋狂的「無產階級革命」嚴重扭曲、破壞人性、人道、人的良知和道德，老鄧「賺錢是光榮」的改革開放政策造成中國人貪婪無度、要錢不要命，而是因為毛鄧中共王朝專制獨裁，根本沒有人為本、民為主的人道、人權觀念，也沒有主權在民、權力分離與制衡、言論與思想自由、文化與社會多元的民主政治制度，可以有效防止毒奶事件的發生。

在民主國家如不幸發生類似毒奶事件，一定馬上公開宣布，拉警報，讓人民警覺、預防。不會像專制中國，為了要面子，騙人，不讓醜聞見報，強力掩蔽，不讓人知道。

毒奶粉事件的爆發，不僅是三鹿等中國商家沒有良心，其實更是中共專制政府沒有良心。中國總理溫家寶罵別人，不罵自己，就是沒有良心的表現。

這在民主國家一定是不可思議、不可能發生的事情。專制與民主國家之間最重要的不同就在這裡。兩者之間不僅制度運作不同，還有本質的矛盾和衝突，可謂「文明衝突」。

這也就是為什麼民主國家，如美國、日本、澳洲等，雖然對中國的經濟崛起樂觀其成，但對中國窮兵黷武的武力崛起懷有深刻的憂慮、戒心。

這也就是為什麼我和很多台灣人，其實也有很多美國、日本及澳洲人，堅決反對民主台灣被專制中國統一，讓2300萬台灣人民的自由民主人權被吞食殆盡，落入沒有人道、人權的人間地獄。

這也就是為什麼我和很多台灣人，堅決反對馬英九一面倒向中國、對北京政權一再讓步、削弱台灣國家主權、出賣台灣人民的自由民主人權。

正在中國毒奶粉事件鬧得沸沸揚揚、把台灣社會搞得人心惶惶的時候，馬英九不僅沒有嚴厲抗議、譴責中國政府的顢頇無能、隱瞞事實、草菅人命，還低聲下氣，討好

中國，希望海協會會長陳雲林10月底帶貓熊來台灣，談直航、談國共合作。並讓陳雲林叫他「馬先生」，而沾沾自喜、洋洋得意。

馬英九還在此嚴峻時刻宣布最快2009就採認中國學歷，讓中國學生來台就學(未來可能就業)，引起軒然大波，令人有馬英九不食台灣人間煙火之感。

對此事，立法院法制局曾經提出研析報告，強調利弊互見，並直陳此事有3大負面影響，包括衝擊國內就業市場、大專院校供過於求狀況更加嚴重、危及社會安定及國家安全，甚至可能導致台灣大專院校「關門」的危機。

對此3大負面影響，我在此僅以澳洲例子評論「危及社會安定及國家安全」議題。澳洲目前有10多萬的中國留學生。根據澳洲國家安全機構的調查，大約有2千是「職業」學生，有的是中國的情治人員，專門在澳洲收集政經社會、科技教育情報，有的是打小報告的職業學生，監視中國、台灣及其他華人學生和學者的言行活動。

他們當然對台僑、華僑、民運、藏獨及法輪功等的反北京專制政權的活動更為注意。他們操作、控制中國學生、學者組織，如在奧運聖火傳遞期間組織發動支持、護衛聖火傳遞的「群眾」運動。據了解，澳洲國安單位掌握有中國駐澳使領館出錢出力支持這些活動的證據，證明此「群眾」不是真正的群眾。

還有，這些年來，中國學者(80年代之後取得美國、英國、澳洲博士者)在澳洲大學及研究機構已取得一定學術地位，人

數也急增。問題是，這些學者與中國關係仍相當密切，有些把他們在澳洲獲得的高科技知識帶回中國，有些合法、有些非法地給中國相關機構，並取得一定報酬。

最後，中國在澳洲及其他國家大學廣設「孔子學院」，用心當然司馬昭之心，路人皆知，非純學術，而有統戰作用。

根據澳洲國安機構的評估認定，上述一系列以學生、學者為主、學術為名的活動，都已危害澳洲國家與社會的安定與安全，違背澳洲民主法治精神，甚至觸犯澳洲法律。

這些年來，澳洲與中國經貿來往日益密切，當然非常歡迎中國學生留學澳洲，但是，澳洲人也嚴肅對待澳中關係，注意專制中國武力崛起，對民主澳洲的安全威脅。

印度、日本、南韓、台灣、印尼諸國也有很多留澳學生，都備受歡迎。但他們沒有「間諜學生危害澳洲國家安全」的疑慮，只有中國有，理由很簡單，中國是專制獨裁國家，並有明顯的帝國主義霸權心態。

其實，中國對亞太地區有權勢威脅，但對澳洲還沒有直接安全危險。不過，澳洲對專制中國還是有上述國家安全的警覺。匪夷所思的是，專制中國對民主台灣擺明了要武力侵佔台灣，但馬英九擺明了就是要和專制中國密切連接，門戶大開，與中國維持「非國與國的」、而是「一中」國內、「地區與地區」的「特別」關係。

馬英九一廂情願希望「互不承認主權」，他不否認

PRC統治中國的治權,也希望中國不否認ROC統治台灣的治權。那當然是自欺欺人,在做白日夢,中國絕對否認ROC的主權法理存在,當然也否認ROC在台灣的治權法理存在。

一樣匪夷所思的是:馬英九莫名其妙地認為,在武力威脅台灣的中國與根據TRA願意協防台灣的民主美國之間,他要維持「等距關係」,不偏向任何一方。真是黑白不分、敵我不明、荒謬絕倫。

我還記得,沒當總統前,馬英九曾大聲支持六四天安門之後的中國民運,每年發表鴻文嚴厲譴責中共專制政權,支持中國民運。如今,一當總統,換了位子就換了腦袋,劍及履及,追求他的「終極統一」的「一個中國」之夢,他就不再譴責中共專制政權、支持中國民運。

在毒奶粉事件風暴中,馬英九不堅守台灣國家主權,譴責中國專制獨裁、草菅人命,反而低聲下討好中國,宣布歡迎陳雲林訪台、承認中國學歷、讓中國學生來台等親中政策。真是令我們有台灣意識的台灣人看得傻眼,氣憤難受。

真的,馬總統,台灣與中國之爭絕不是中國人講的民族問題,也不僅是領土、主權之爭,而是21世紀歷史長河的民主與專制的文明衝突、文明之戰。2300萬台灣人民的自由民主值得拼命維護,應不惜與專制中國一戰,絕不能讓專制中國武力侵佔、也不能讓北京專制政權和平統一台灣。

　　馬總統，你絕對沒有權利出賣台灣的國家主權，更沒有權利出賣2300萬台灣人民的自由民主人權，此道理天經地義，馬總統，您不懂，就應鞠躬下台。

(2008.10.03)

「胡六點」和「馬三不」
一樣騙人

　　中共總書記、國家主席、中央軍委主席胡錦濤，2009年除夕發表《攜手推動兩岸關係和平發展，同心實現中華民族偉大復興》的6點意見：倡議兩岸協商涉外事務，探討國家尚未統一的特殊情況下的政治關係，探討建立兩岸軍事安全互信機制，結束兩岸敵對狀態，達成和平協議。

　　表面上對台灣釋出善意，實際上吃定台灣的「一中原則」，鐵一樣的硬。和馬英九「3不」(不統、不獨、不武)的軟弱無能相比，雖都一樣騙人，但也彰顯中國對台統戰政策不變、台灣對中統獨政策搖擺不定的嚴厲差異。頗值台灣人民審思細看，對兩者都要慎重判斷、因應。

　　1978年鄧小平復出，推動「改革開放」。與英國談判香港回歸，推出「一國兩制」，目標卻是和平統一台灣。1979年元旦，中國全國人大常委會發表《告台灣同胞書》，確定「一中原則」、「一國兩制」和平統一政策，展開對台統戰攻勢。

　　台灣的蔣經國面對溫情(廖承志的「一笑泯恩仇」)及中華民族主義的柔性攻勢，堅持「不接觸、不談判、不妥協」的3不政策，中國國共內戰仍在漢賊不兩立、你死我活、成

王敗寇的大一統逐鹿中原敵對狀況。

1995年江澤民提出「江8點」，其「一中原則」、「一國兩制」和平統一政策不變，僅加強了中華民族及文化沙文主義的統戰色彩，並建議雙方就「正式結束敵對狀態，逐步實現和平統一」進行談判，主張3通，歡迎台灣當局的領導人以適當身分前往訪問。還說，不承諾放棄使用武力，但不打「台灣同胞」，只打台獨。

在台灣，1988年蔣經國去世前解除戒嚴，李登輝大力推動民主改革，導致1996年台灣總統直選。1991年李登輝廢除《動員戡亂時期臨時條款》，等同終止中國的國共內戰，承認PRC統治中國的主權合法性，更確立台灣(ROC在台灣)的主權獨立，而於1999年宣布台灣與中國是「特殊國與國的關係」。

2000年民主總統大選，政黨輪替，民進黨的陳水扁執政，開始時低姿態，提出「4不1沒有」(不宣布台灣獨立，不更改國號，不推動李登輝的「兩國論」入憲，不推動改變現狀的統獨公投，也沒有廢除《國統綱領》與國統會的問題)，等同擱置台獨議程，想和中國和解談判。

北京不理阿扁伸出的橄欖枝，還加緊隔離、壓縮台灣國際生存空間。阿扁被逼得走投無路，2002年宣布海峽兩岸「一邊一國」，強調台灣與中國無主權關係，台灣是主權實質、也是法理獨立的國家。

2004年阿扁險勝連任，一樣內外受困，動彈不得，略做困獸之鬥，就被中國及美國夾攻，說他製造麻煩。在

他任期後段，雖想奮力一搏，推動正名運動，把虛構的「ROC」正名爲台灣國，但在中國武嚇、美國反對、國民黨扯後腿下，寸步難行，終究功虧一簣。

阿輝伯的「特殊國與國的關係」及阿扁的「一邊一國」，雖用意明確，也有所努力、作爲，卻也因內外阻力重重，無法廢除「ROC」，建立名副其實的台灣國。

2008年二次政黨輪替，馬英九上台，一夕間台灣風雲變色。馬英九不認同台灣(國)、認同中國，並推動的反台(獨)親中(國)政策，不僅色彩鮮明，還劍及履及快速向中國傾斜。他說他是「台灣人」，但不是「台灣國的人」。他的「台灣人」認同和我的「我是苗栗人」一樣，是地方、不是國家認同。他說他是「中國人」，說的則是國家、不是地區認同。

馬英九不僅一夜間推翻了李登輝的「特殊國與國的關係」及陳水扁的「一邊一國」，否定了「台灣國」的主權存在，回到1927年開始的「一個中國」國共內戰歷史時代場景，還否定蔣家父子國共爭奪大一統天下、漢賊不兩立的敵對立場。馬英九雖死鴨子嘴硬，但大家心知肚明，他已實質上向共產中國棄械投降。

2009年前夕，胡錦濤在紀念《告台灣同胞書》30周年的座談會中提出推動兩岸和平統一的「胡6點」，內容涵蓋「一中原則」、經貿合作、政黨交流、涉外事務、和平協議等主張，將成爲今後指導中國對台政策的綱領文件。「胡6點」的主要內容包括：

1、恪守一個中國，增進政治互信。世界上只有一個中國，中國主權和領土完整不容分割，大陸和台灣儘管尚未統一，但不是中國領土和主權的分裂，而是中國內戰遺留並延續的政治對立。兩岸復歸統一，不是主權和領土再造，而是結束政治對立。

2、推進經濟合作，促進共同發展。期待實現兩岸經濟關係正常化，為和平發展奠定紮實的物質基礎、提供強大的經濟動力。兩岸可簽訂綜合性經濟合作協議，建立具有兩岸特色的合作機制，實現優勢互補、互惠互利。

3、弘揚中華文化，加強精神紐帶。中華文化源遠流長，是兩岸共同的寶貴財富，是維繫兩岸民族感情的紐帶。我們將繼續採取積極措施，包括願意協商《兩岸文化教育交流協議》，推動兩岸文化教育交流合作。

4、加強人員往來，擴大各界交流。繼續推動國共兩黨交流，落實兩岸和平發展共同願景。希望民進黨認清時勢，停止台獨分裂活動，不要再與全民族的意願背道而馳。只要民進黨改變台獨分裂立場，我們願意作出正面回應。

5、維護國家主權，協商涉外事務。兩岸在涉外事務中避免不必要的內耗，有利於增進中華民族整體利益。對於台灣參與國際組織活動，在不造成「兩個中國」、「一中一台」的前提下，可通過務實協商作出合情合理安排。

6、結束敵對狀態，達成和平協議。為有利於兩岸談判，可以就在國家尚未統一的特殊情況下的政治關係展開

探討。爲有利於穩定台海局勢，減輕軍事安全顧慮，可適時就軍事問題接觸交流，探討建立軍事安全互信機制問題。

胡錦濤的講話洋洋灑灑，軟硬兼施，文情並茂，講給中國人、也講給馬英九的「台灣人」(呆胞)聽，令他們聽得還真心賞耳悅。

統派媒體呼應：「馬總統曾倡議和解休兵，兩岸人民同屬中華民族，應貢獻國際社會，而非惡性競爭，虛耗資源；胡錦濤則回應，兩岸在涉外事務中避免不必要的內耗，有利於增進中華民族整體利益。馬胡共識之高，默契之深，歷來僅見。」

「值得關注的是，胡錦濤以其黨政軍最高領導人身分，倡議準備與民進黨對話、兩岸協商涉外事務、探討建立軍事互信機制，這些都是中南海領導人前所未見的思維與勇氣，即使諸多前提與條件未見退讓，但對話新局自可期待。」

「尤其，『胡六點』倡議的新論述，攸關兩岸政治對話與談判的開展，....馬政府如何因應與接招，格外受到矚目。」

馬英九僅由總統府表示，樂見兩岸關係能在「和平發展」的主軸上，務實促進兩岸協商、交流與互惠，爲終結敵對狀態、增進相互瞭解與合作開創新的契機。

國民黨主席吳伯雄則表示，2008年即將結束，在這1年國民黨重新執政，兩岸關係出現結構性的改善，兩岸隔

海分治近60年，中間經過武裝衝突、冷戰對峙、兩岸協商等不同的階段，從過去8年處處兵戎相見的邊緣，進入和諧相處的新階段，持續追求和平共榮，這是國民黨全面執政後，最重要的大陸政策目標。

他還細述，2005年4月，國共兩黨會談公報，所揭示的5項共同願景，已經列入國民黨的政策綱領，而且經過台灣人民的檢驗，足以維護兩岸關係的和平穩定、發展繁榮。5月28日，他與胡錦濤會談時，重申在「一中各表」的「九二共識」基礎上，雙方確定根據已定的5項願景，恢復了兩岸制度性的協商，並且在6月和11月，由海基、海協兩會先後簽署了兩項及四項協議，有利於台灣人民的福祉與發展，既符合國民黨的黨章「以台灣為主，對人民有利」的方針，更獲得台灣廣大民意的支持，和國際社會的高度肯定。

台灣外長歐鴻鍊強調，兩岸共識是「九二共識」、「一中各表」，也就是「他講中華人民共和國，我講中華民國」，這是一種互不否認的態勢。

都是一大堆一廂情願、自我陶醉的話，騙自己、還要騙台灣人民。

略有了解中國30年來對台統戰政策的人，都可一眼看透「胡6點」的真面目。把那些腐朽溫情的民族主義拿掉，現實理性主義地分析，「胡6點」繼承鄧小平的「一國兩制、和平統一」，跟隨「江8點」，一脈相承，基本主軸「一中原則」、「一國兩制」，30年來鐵一樣硬。基

本政策沒變，變的只是政策執行枝節的靈活運作。

所以，「胡6點」第1點恪守「一個中國」原則定下後，其他5點都是在此原則下才可運作。要簽訂綜合性經濟合作協議、協商「兩岸文化教育交流協議」、對民進黨作出正面回應、對台灣參與國際組織活動通過務實協商作出合情合理安排(WHA觀察員)、結束敵對狀態，達成和平協議等，台灣都要先接受第1點恪守「一中原則」才有達陣的可能。

「胡6點」非常明確指出，中國不接受「一中一台、兩個中國、台灣獨立」，其立場鮮明、確切，沒有任何模糊空間。它完全否定馬英九緊緊抱住的神主牌「一中各表」，沒有「各表」，沒有「互不否認」，當然也就沒有「ROC」存活的餘地。

「胡6點」話說得天花亂墜，但中共的權力鬥爭，常常沒說的比說的重要。君不見，胡錦濤沒說但中國堅持的「一中原則」3段論述：「世界上只有一個中國」、「台灣是中國的一部分」、「中華人民共和國是中國唯一的合法政府」，當然不動如山、一絲沒變。

還有，這次故意不提(「江8點」有提)、卻絕沒放棄的武力統一台灣政策，更如一手遮天的魔掌，以1400多顆的飛彈壓在台灣人頭上。歷史殷鑑，在中國，國共爭奪大一統天下，兩次合作，兩次內戰，共產黨動武殺戮百萬、千萬中國人不眨眼，從來沒有手軟過。

最後，也是最重要的，胡錦濤只講腐朽的民族主義，

不講現代普世價值的自由民主人權。他當然不給台灣2300
萬人民自由民主選擇自己命運的基本權利。

　　問題是，胡錦濤的中國不變、對台統戰政策不變，馬
英九的台灣在變、對中國政策大變。馬英九不僅把蔣家父
子的勢不兩立反共政策變沒了，還一夜間把李登輝和陳水
扁兩位前總統努力建構的台灣主權地位變掉了。

　　他雖還口說「台灣前途應由台灣人民決定」，但是他
「反台親中」，只認同「中國的國」，不認同「台灣的
國」，只有中國統一、沒有台灣獨立。在他的政策選項
裡，根本沒有台灣人公民投票獨立建國的餘地。

　　面對「胡6點」，馬英九無關痛癢的反應，雖不敢講
明，但令人感覺他心裡是贊同的。

　　評「胡6點」，民進黨主席蔡英文說，任何關係都是
互相的，胡錦濤應明白台灣是民主社會，民主的可貴在於
思想自由與主張開放，若要求一個政黨放棄自己的主張，
來作為互動的開始，「這不符合民主原則。」

　　前副總統呂秀蓮也表示，胡錦濤可先放棄「武力犯
台」和「一個中國」的政策，讓兩岸對等再來討論。

　　兩位都一針見血，說出了問題嚴峻重點所在。其實，
馬英九也被重擊出血，但為「不刺激」、要討好中國，也
只好打落牙齒和血吞，不知如何回應，只由總統府發言人
說，樂見兩岸關係和平發展的新契機。

　　但台灣是多元的社會，人民對台灣未來前途看法不
同，對不同政治主張與政治言論都必須尊重。馬英九還語

無倫次，只談 「不統、不獨、不武」的現狀、「以台灣
爲主，對人民有利」的空話。

　　眞是軟弱無能，廢話連篇，人家都把他吃夠夠了，還
麻木不仁，一點有理、有力、像(ㄥ)樣的反應都沒有。胡
錦濤在騙中國人，也在騙台灣人。馬英九卻只能騙台灣
人，無法騙中國人。眞是讓台灣人民看傻眼。這樣的台灣
(其實是中國)總統，台灣人民實在不要也罷。

(2009.01.04)

台灣人民製造麻煩？

台灣最近為了CECA(Comprehensive Economic Cooperation Agreement綜合性經濟合作協定)鬧得滿城風雨，爭辯得臉紅耳赤，口水四噴，罵聲連連。連海基會秘書長都開口大罵在野黨領袖「混蛋」，卻不必下台。簡直一場黑泥巴爛戰，打得烽火連天，卻又莫名其妙，不知所為何來。

因為打了半天，連為何而打，CECA是蝦米碗糕？不僅政治菁英，立法委員、政治學者、媒體評論家都莫衷一是，議論紛紛，庶民大眾更是滿頭霧水，連馬英九、行政院長劉兆玄、經濟部長尹啓銘等CECA始作俑者，及執政的國民黨，也都霧煞煞，連名字是什麼都搞不定。

劉院長說CECA的中文名還沒確定，尹部長說CECA就是FTA(自由貿易協定)，馬總統上電視台說了半天也沒說清楚，只說重點在關稅，面對東協加一(ASEAN＋1)壓力，非與中國協商不可。馬英九的如意算盤是：ASEAN＋1明年(2010)上路，他要取得中國支持，以中國為跳板進入東南亞市場，並與ASEAN國家簽訂FTA。

他又發揮他的英文專長，把CECA改為ECFA(Economic Cooperation Framework Agreement 經濟合作架構協定)，中文前面還加了「兩岸」，表示不是「國與國」，而是「中國」的兩

岸，簡直把如是重要的國家大事當兒戲，好像改了名字就一切OK。

馬英九的問題、也是最受爭議的是：不管CECA、ECFA、FTA或其他名稱，不僅是名稱問題，及其內容空空洞洞，一點實質內涵都沒有，而是他的如意算盤，真能如國民黨主席吳伯雄所言，不矮化台灣、不損傷台灣主權，並能與中國簽訂CECA，求得中國支持打開ASEAN市場、並與ASEAN諸國簽訂FTA，算盤打得通？當然不通，夢想！

CECA也好，ECFA也好，FTA也好，如吳伯雄所言，都必然牽連到台灣國家主權問題。還有，要與中國簽訂CECA(ECFA)，馬英九必須接受「胡六點」的第一點「一中」(沒有馬英九的「各表」)原則。這是大家(全世界)都知道的事情。只有馬英九、劉兆玄等政治騙子還想打迷糊戰，要一手遮天，模糊重點，蒙混過關，欺騙台灣人民。

不僅如是騙人，還明明是有關國家主權的重大國政大事，如EU(歐盟)國家入盟一樣(馬英九還有臉提EU例子，說人家入EU並沒損失國家主權，真是把馬京當馮京，可笑之至)，都要經過民主國家的公民投票憲政程序，才有「人民授權」(people's mandate)的程序正義、正當性、合法性，但馬英九偏偏要玩弄台灣人民，堅持不舉行公民投票，只要他3/4國民黨控制的國會蓋下橡皮圖章就行。真是吃台灣人夠夠，把台灣人當3歲孩子看待，騙人都不打草稿。

其實稍微用點心看，任何人都可以看清楚，馬英九的

CECA(ECFA)不僅不是如他們所說的非政治、純經濟問題，更是導致台灣國家主權嚴重流失，接受胡錦濤的「一中」原則，而最終導致台、中統一的政治陽謀。

不僅蔡英文、黃昆輝、林向愷、鄒景雯、曹長青等綠色菁英看得清清楚楚，連中國政治領導、知識菁英都一樣心知肚明(有人已明白說出)，認為CECA的經濟統一是邁向中國政治統一的第一步。還有，連外國媒體、學者也同樣認知，認為CECA是導向「一中」統一的政治經濟政策。

當然，雖死鴨子嘴硬，硬稱CECA無關主權、無須公投，馬英九、劉兆玄、賴幸媛(陸委會主委)等應也心裡明白，CECA的簽訂必然損傷台灣國家主權，導向「一中」統一道路。他們無理硬拗，不言可喻，彰顯的當然就是他們的「終極統一」心態和統一的隱藏議程(hidden agenda)。

再深層分析，其實蔡英文等大喊出賣台灣主權，一定白喊，再喊、再大聲也沒用，因為馬英九他們早已鐵了心，就是要與中國先經濟統一、再政治統一。打這個CECA死馬，白打。

君不見，馬英九2009年2月21日接受《台北時報》(Taipei Times)專訪，強硬指出一定要簽訂CECA，他說那是他的總統選舉政策諾言(其實不是)，非實現不可。他又說，不需要公民投票，只要立院審議通過就行。

2月21日，《華盛頓郵報》(*Washington Post*)的專文報導的標題是《台灣和中國談判里程碑的自由貿易協定》(*Taiwan, China Negotiating a Landmark Free-Trade Agreement*)，其第一句

話是「台灣和中國商談寬廣的自由貿易協定，代表兩方對手邁向可能統一的重要一步」(Taiwan and China are negotiating a wide-ranging free-trade agreement that represents an important step toward the possibility of unification of the longtime adversaries)。《郵報》一針見血指出，CECA就是邁向統一的第一步。至於《郵報》把CECA當FTA，也是弄不清楚馬英九在搞鬼。

詳讀馬英九的專訪，我認爲最重要的，不是CECA的是非爭議，而是他「終極統一」的盲點作怪、顯露的兩個重大迷思。1是，他不認爲他上台後一系列向中國傾斜的作法有任何損傷台灣(ROC)國家主權之處。

只要能三通、簽訂CECA(ECFA)、進入ASEAN市場、成爲WHA(世界衛生大會)的觀察員，不僅名稱他不管(「中華台北」最恰當)，被陳雲林稱呼「您」，國旗不掛(掛五星旗)，外交休兵，不再爭取國際認同(23個迷你小國有邦交就行)、不爭取進入UN、World Bank(世界銀行)、IMF(國際貨幣基金)及其他主權國家參加的國際組織，不被170多個國家承認台灣(ROC)是主權國家，被人認爲是「中國的一省」、「ROC」早已不存在，都不管、都沒有關係。

連「胡六點」的「一中」原則，只要不講、不否定「各表」(其實中國早已否定過、「胡六點」又再次否定)，用個根本不存在的模糊不清的「92共識」，都可以接受，不反對、不抗議、不抗爭，願意在此一點國家尊嚴都沒有的情況下與專制中國簽訂CECA等明顯出賣國家主權的協定。

馬英九鄉愿到極點的解說是，只要我們自己認爲

「ROC」憲法1947就制訂，「ROC」到現在還存在(主權遍及全中國和蒙古共和國)，我們說我們是主權國家，我們擁有主權獨立，堅持有「一中各表」，管他別人看笑話，不承認、不接受，我們自說自話，自我感覺良好，就是了、就行了。

同理，接收胡錦濤的「一中」原則簽訂CECA也好、和平協議也好、加入WHA也好，只要我們硬拗硬說，我們的「一中」是有「各表」，「ROC」是存在的，我們是主權國家，我們的國家主權一點也沒受損，既使中國、美國、天下人都不這樣認同，我們參加就是贏，就萬事OK、天下太平。

天下還有比馬英九更阿Q的人？真是超級的駝鳥政策，馬哥變駝鳥，真難看。他在《台北時報》訪問中所彰顯的第2「迷思」是：他的外交休兵和平論。

他不再爭取台灣的國際生存空間，並一上台就馬上丟棄阿輝伯的「國與國關係」、阿扁的「一邊一國」，他的駝鳥主義解說是：他不是像李登輝和陳水扁是麻煩製造者(trouble-maker)，而是讓中國、美國、日本、ASEAN各國安心的台海和平製造者(peace-maker)，說得還真阿Q好聽。

真是荒誕不經，謬論連篇，根本是投降主義的黑白講。世界孤兒如台灣，明明是一個自由民主主權獨立國家，卻被世界195個國家中171個的無理歧視、排斥，硬被認為不是主權國度，並唯一不是UN的會員國，還被認為是專制中國的一部分、叛逆的1省(renegade province)。真是情

何以堪，被欺負得夠鬱卒的。

被欺辱到這樣不堪，台灣、尤其是2300萬人民，當然應該群起怒吼、抗議、抗爭，大喊大鬧要尊嚴、要獨立、要主權。哪有要台灣人民逆來順受，忍氣吞聲，鬱卒生存，不要喊、不要鬧、不要製造麻煩的道理。

台灣就是要大聲、大鬧爭取國家尊嚴、主權獨立、國際認同，就是要世界各國根據UN憲章讓2300萬台灣人有權利決定自己的命運，自由民主建立自己的國家，平等參加UN和其他國際組織。這才是有尊嚴、有骨氣的台灣人、尤其是領導人，應有的氣魄、作為。

國家的主權獨立和人民的自由民主人權，不是天上掉下來的禮物，是要拼命、賣命、流血爭取、保護，才能得到、擁有的。

向中國、美國及其他世界各國要求自由民主人權、獨立建國、參加UN及其他國際組織，是UN憲章規定的基本人權，台灣人大聲要求，甚至做出獨立建國的激烈動作，天經地義。

李登輝的「國與國關係」、陳水扁「一邊一國」，也都是合乎UN憲章、合情、合理、合法的政治訴求、國家定位，一點也不過分、不激烈。他們當然不是麻煩製造者。

天下沒有免費的午餐。美國、日本、EU等國雖大都同情台灣的處境，但都以自己國家利益為重，不願為了民主台灣和專制中國一戰。他們也不想看到台灣為了主權獨

立向中國激烈抗爭(挑釁)，引發台海緊張局勢(製造麻煩)，讓他們和中國的關係緊張、惡化。

雖然戰略上對他們是嚴重損失，但是，假如馬英九的台灣要與中國和解、統一，大部分台灣人又都沒有異議、抗拒，美、日諸國雖不樂觀其成，但也不會介意、關心到反對、干預的程度。

不過，假如馬英九不顧大多數台灣人的反對，硬要推動他的統一議程，甚至很多台灣人因而群起反抗、走上街頭、甚至流血抗爭，也即馬英九違背美國一貫主張的「台灣前途應由台灣人民決定」的原則，如果中國因而用兵打台灣，則雖非必然卻也非常可能，美國會根據TRA出兵援助協防台灣。

尤其美國人民，不可能眼睜睜地讓專制中國武力併吞民主台灣，那太嚴重違背美國230多年來的建國基本精神、價值和原則。

其他民主國家、日本、歐盟、澳洲等，也應會跟美國一樣，民主、甚至戰略聯盟地反對中國武力侵吞台灣。

當然，人必自助才有人助，國家也一樣。如果大多數的台灣人主張台灣主權獨立，視自由民主為其生命價值，我們就應大聲叫喊，抗議抗爭，反對馬英九的親中政策，用行動抗拒他的CECA(ECFA)，並向中國、美國、日本、ASEAN、EU等國大力發聲，讓他們聽到台灣人不願和專制中國統一、要獨立建國的心聲。

即使被認為是「麻煩製造者」，也義不容辭、在所不

惜。

馬英九鐵了心，要搞CECA(ECFA)，拼台灣經濟是假，要納入中國的「一中」市場是真，走的就是他「終極統一」的道路。他得意洋洋，拼命宣稱他是和平製造者，不是麻煩製造者，說得好聽，其實也是說假的。他的和平主義就是投降主義，向專制中國投降。他的不製造麻煩，就是不堅持、不保護台灣的國家主權及台灣人的基本人權，也就是投降主義，要台灣向中國投降。

台灣讓不讓馬英九胡作非為，出賣台灣，那就要看台灣2300萬人民願不願意、敢不敢不停地「製造麻煩」。

(2009.02.28)

後記：2007年九月，APEC高峰會在雪梨召開，我和台灣駐澳代表林松煥計畫安排記者會，由我主持邀請約20位澳洲記者出席，於記者會中和台北總統府視訊連線，直接讓記者向阿扁總統提問。目的就是要突破阿扁不能出席APEC高峰會的禁忌。

結果當然會激怒中國，也會讓主辦國澳洲跳腳。本來記者會安排得差不多了，但總統府國安會最後喊停，功虧一簣。

我的想法就是要製造麻煩，台灣被欺負就要嗆聲，讓人知道我們的存在，我們被無理對待，我們氣憤、抗議。

高峰會開幕前夜，林代表設宴歡迎阿扁的領袖代

表施振榮及他的代表團，我被邀請講話，說了這個沒有完成的任務，深表遺憾。

後來，國安會秘書長陳唐山向我解釋，他們顧慮的是麻煩太大，台澳關係會撕破臉，很難收拾，不得不叫停。我認為麻煩不大，其實越大越好。

不再「終極統一」？
吳英毅黑白講

民進黨執政8年，因為它的台灣主權獨立立場，及中國的強力反對，僑委會委員長張富美申請4次來澳洲訪問，都被拒絕。我們多次和澳洲政府溝通，甚至與外長唐納(Alexander Downer)面對面談過，曾得到他的口頭善意回應，但都功虧一簣、無疾而終。

國民黨的馬英九上台10個月不到，他的委員長吳英毅就被批准來布里斯本參加台商會議(2009年3月7日)，明顯是因為馬英九的「終極統一」立場符合中國味道，不再被反對，澳洲政府才放人。

不過，澳洲政府還是小家子氣，只允許吳英毅出席台商會議，不允許其他公開活動，要他低調，不要與記者見面，製造麻煩。

唯一低調的僑務座談，也在昆斯蘭台灣中心閉門召開，不能對外開放。本來我不想參加，但又有話要講，也想聽聽吳英毅說什麼，故出席並發言如下：

吳英毅這次能來澳洲，可謂突破，可喜，卻也可悲，台灣人的悲哀。我首先要提出的問題就是國家認同問題，彰顯的也就是台灣人的悲哀。

我1問，台灣是不是主權國家？

馬英九(吳英毅)的國家認同是「中華民國」，不是台灣。馬英九愛台灣，但他的台灣只是「地區」，不是主權國家。他的國家「ROC」包括PRC統治的中國，還包括獨立的蒙古，是虛擬的、不實際存在的。他的「一中各表」，中國接受「一中」、不接受「各表」。他「不承認」PRC的主權但又「不否認」PRC的治權的存在。他做的一樣是空洞的動作，是自欺欺人的鴕鳥政策。

馬英九呼應胡錦濤，說台海兩岸關係是國共內戰延續的中國內部爭執，否定李登輝的「特殊國與國」與陳水扁的「一邊一國」關係。但是，他又不敢恢復1991年李登輝廢除的戡亂時期臨時條款，延續打蔣家父子漢賊不兩立的中國內戰。

不僅如此，他還要接受胡錦濤的「胡六點」的「一中」原則(雖自說自唱說有「各表」)與專制中國簽訂ECFA，談「和平協議」，與中國先經濟、後政治整合、統一，並經過中國許可發展國際關係(WHO、ASEAN等)。

他走的是出賣台灣、「終極統一」、投降主義的路。他的「不獨」是真，「不統」是假，「不武」則是講爽的、單戀的，他不武，人家要武。中國從沒放棄武力統一台灣。

2問，台灣前途應由誰決定？

胡錦濤的中國堅持「一中」，沒有「各表」。馬英九認定「一中各表」。馬英九和胡錦濤一樣反對台灣主權獨

立，「反獨促統」。我和很多台灣人認定台灣主權獨立，台灣就是主權獨立國家，支持台灣獨立。

馬英九一再宣稱「台灣前途應由台灣人民決定」，但沒有公開主張過應由公民投票民主程序決定台灣前途。胡錦濤反對公民投票決定台灣前途。馬英九是不是也反對？馬英九主不主張公民投票？

台灣是一個民主國度，人民可以主張統一，也可以主張獨立。馬英九主張統一，台灣很多人主張獨立。如果經過公民投票，台灣人民要與中國統一，我反對但會接受。如台灣人民決定要獨立，馬英九接不接受？

馬英九是不是為了討好中國、胡錦濤，不敢主張公投？

3問，專制中國是民主台灣的致命敵人還是合作伙伴？

馬英九似乎已認定共產中國不是敵人、是(經濟)伙伴。如是，才有不要刺激中國、「製造麻煩」的「外交休兵」，不發展獨立國家主權應有的國際關係，如進入UN，不「製造麻煩」，讓中國、美國等國重視台灣的主權存在、台灣人爭取國家尊嚴的心聲、要求。

4問，「外交休兵」是蝦米碗糕？

馬英九接受「胡六點」簽訂ECFA及其他喪權辱國的「兩岸」協定，是投降主義。「外交休兵」不再與中國爭取國際生存空間，當然也是投降主義，不是，是什麼？

其實，我都是白問，問也沒用。我們都心知肚明，我與馬英九、吳英毅的國家認同、敵我認識根本不同，這是

台灣人的悲哀，台灣的命運多舛。我們國家政策的基本理念、方針、戰略因而也南轅北轍，沒有共識。不僅沒有認同、合作空間，還矛盾重重，衝突連連。

　　不過，我還是誠心問了，也靜心聆聽吳英毅的回答。他的回答不出我意外，但也令我感慨萬千。我和他都是土生土長的台灣人，還是嘉義中學、台灣大學我先他後的校友，並先後留學美國，留居民主美國及澳洲30多年，但我們的看法真的南轅北轍。

　　他滿口「中華民國台灣」，當然同意台灣是「一個中國」的「地區」，不認為台灣是主權國家。

　　他不敢公然反對公民投票決定台灣前途，但骨子裡反對。他根本不懂公投的民主意義和程序。他說，他不知道每年公投有什麼意義。他說，每4年(總統)選舉就在決定台灣前途，就是公投。他搞不清楚，總統選舉與公投決定國家大事，如統獨、制憲、正名等問題，完全不同，沒有必然關係。2008年台灣人民選馬英九當總統與同不同意他的「終極統一」政策不僅風牛馬不相及，馬英九選前宣示、強調的是他的「台灣人」認同、「不統、不獨、不武」「3不」政策。

　　吳英毅不敢重複他在美國講過的話，但實質一樣，他要說的就是：我們選贏了，我們幹我們的統一，4年後你們有能耐選贏，你們就去幹你們的台獨。

　　他對我的「敵我」問題，一樣不敢直答。先說「不知道」(口頭禪)什麼是「敵人」，再問，台灣人那麼多去中國

賺錢(賠錢的他沒說)，中國是敵人嗎？問的好，但也等於說中國不是台灣的敵人。他又解說，交朋友越多越好，雖然也會交到壞朋友。他的言外之意就是專制中國是他們在交的朋友，不是飛彈威脅、要併吞台灣的敵人。

如是敵我不分，不是投降主義是什麼？最令我驚訝的是，他說馬英九只是選前在英國說過「終極統一」，僅此1次，以後再也沒有說過。他的言外之意是馬英九不再說、不再追求「終極統一」。

這話說得很大，不是吳英毅可以說的，一定要馬英九親口說出才算數。何況，馬英九1年來絕對不只說過1次「終極統一」。行動勝於說話，馬英九說「不統」，但上台後做的都是一件一件走向中國大一統的事情。

至於「外交休兵」，外交部也默認，那是說錯了的話，現在不再說了。他們現在的解釋是：「外交休兵」僅是不再金錢外交收買小國的外交承認。他們後來說的是「活路外交」，問題是一點「活路」也看不到，只看到死路一條。

我的立場明確。我們不可能、不應該和中國合作。我們要打的是，維護台灣主權獨立、自由民主的戰爭。只要中國共產黨專政統治中國，不放棄武力統一台灣，我們就絕對反對導致專制中國吃掉民主台灣的政策、動作，反對向中國傾斜、投降的「外交休兵」。

馬英九如不經過「台灣前途應由2300萬台灣人民決定」的民主程序，推動他的統一政策，出賣台灣的國家主

權、自由民主，我們要反對、抗爭到底。

吳英毅雖然簡單、蠻橫一點，但說得也對，2008年他們選上，他們要幹他們的。我們反對，2012年就要努力投票，選勝，我們才能幹我們的。

說來說去，還是要看台灣人民。文的、民主的不能，要不要武的、革命的推翻馬英九政權？這要看台灣人民。

(2009.03.08)

後記：吳英毅上台不久就想把布里斯本的台灣中心改成華僑文教中心，我們群起反對，他知難而退，沒橫柴入灶，硬幹。這個中心是我們一批台僑打拼爭取到的，豈容他要改就改。

2012.09.26，民進黨立委蕭美琴質疑9月政府組織再造，僑委會偷偷把英文名字由原本的「Overseas Compatriot Affairs Commission」改成「Overseas Chinese Affair Council」，以前名字很中性，為什麼現在要加個「Chinese」分化海外僑民，很多認同台灣的僑胞，不想作中國人。

僑委會委員長吳英毅先說是有僑胞建議，這樣代表中華文化，後面又辯說曾有法國人說「我也是compatriot(同胞)，你也要服務我」，所以決定改名。

吳英毅胡說八道，明明就是要把台灣「中國化」，還滿口歪理，令人吐血。

中國職業學生趴趴走

2009年12月，王丹於靜宜大學演講遭中國學生嗆聲，鬧得沸沸揚揚，有人質疑中國留學生究竟是不是職業「紅衛兵」，是不是來台學生很多是領錢的「職業學生」。

不久前，有留學南韓台灣女學生，因在釜山韓語演講比賽會場亮出國旗，險被在場中國學生圍毆，並一路追到地鐵站，要好好修理她。

如是報導，近年來在世界各地俯拾即是，已不再是新聞。它們暴露出中國人的非文明本質。中國人長期生活在專制政治、狂熱民族主義下，其紅衛兵心態、作為，有如希特勒的黃杉軍，到處可以看到。

多年前，中國駐雪梨總領事館負責政治的一等秘書陳用林，尋求政治庇護後透露，中國約有2千職業學生在澳洲作情報工作。後來澳洲國安人員也親自向我證實該項情事。

1960年代我在美國留學，專制統治台灣的國民黨政府派了一大堆職業學生去美國，打台灣學生的小報告，大家都知道。美國國會都辦了聽證會證實該事實。

台灣總統馬英九就是當年打小報告的學生。我就是怕已被打小報告不敢回台灣，而決定來澳洲教書。我的四弟

雖有德州大學的博士學位，也有優秀教學經歷，並獲母校中興大學邀請，但也因爲我的關係，及被打小報告而無法回台灣執教。

我在澳洲教了近40年書，1989天安門事件後，中國留澳學生大增，專制中國派來澳洲的職業學生更是成爲另類「黃禍」(yellow peril)，這是一位澳洲國安會官員用的名詞。

我在昆斯蘭大學教政治學，系裡中國學生不多。這些年來，除了兩位我早期收的博士生，拿了學位後都留下來，不回中國外，其他有一位不是我的博士生與我有一段有趣的故事。

他來自北京名校，成績優良，考托福得滿分，拿了我校獎學金，就讀於我系，由當時的系主任指導。3年就拿博士，論文並獲得英國出版社出版，可謂傑出。

我雖知道他在本系就讀，但從沒和他交往。他拿到博士後，被系方留下來當後博士，並申請澳洲永久居留獲准。

之後，有1天，他突然要求和我見面。我們一談，他才坦然告訴我，這些年來，他不敢接觸我，因爲他離開北京前，中國教育部叫他去訓話，警告他，「你要去澳洲昆斯蘭大學政治學系留學，那裡有一個邱教授，是台獨份子，你千萬不可以和他接觸。」他說，這些年來拜讀很多我的文章，了解我對自由民主的執著，見解精闢，非常敬佩。如今已拿到居留權，將留在澳洲，才敢和我見面。

那已是4、5年前的事了。他如今在我系繼續當研究員，發表了3本大作，建立了一定學術地位。

去年年中，我的辦公室來了一位來自南京大學的訪問教授，是該校共黨領導幹部。他是中國的土博士，作學問很認真，為人也滿誠懇、親切。

很明顯，中國教育部沒有把我的台獨背景告訴他(大概因為對他的忠誠度有信心吧)，很願意接近我。我當然更盡量幫忙他，介紹我的學生、同事給他，幫助他上英文課、旁聽與他有關的研究課程，並請他吃校園附近較好的中國餐廳。他很感謝，送我南京茗茶。

他2009年12月底回國，11月初一天傍晚，忽然接到他氣急敗壞的電話，「邱老師，我怎麼辦？我走路回家，在公園旁撿到一個女用皮包，一看有錢、有信用卡，我不敢去公安(警察局)，要怎麼辦？」

我說，「你不敢拿，就放回去，讓下一個撿到的人處理好了。」他遲疑了一下，接受我的建議。但約15分鐘後，又接到他電話，滿口恐慌地說，「邱老師，我很害怕，因為皮包上有我的手紋，公安如發現，會不會追到我說我偷錢(如果錢被別人拿走)。」

我實在哭笑不得，趕快安慰他，「這是澳洲，沒有公安，也沒有你的手紋，你怕什麼？」他還是很怕，問我能否和他再走一趟現場。

我正要吃晚飯，看他那副焦急德性，也只好放下飯碗，趕去公園。他比我遲幾分鐘到，帶我到現場，一看，

錢包還在，錢也還在。

我不禁大笑，說，「不要怕，我來處理。」當晚，我根據錢包裡的駕照找到主人，並打電話叫她第2天到我辦公室取包。事後，她還邀我喝咖啡。

對生活在自由澳洲的我，這是茶壺裡的風暴，對這位生長在專制中國、南京來的大學教授、中共黨委書記，那卻是可身敗名裂的恐怖大事。

為什麼？理由很簡單。就像那位博士生、那些職業學生一樣，他們都是生長在共產黨一黨專制、嚴密控制、白色恐怖下的人。要出國、當官、當教授、高昇、當中國的領導階層，他們都要誠惶誠恐聽話、要「紅」、思想純正、唯黨命是從、聽黨令行事。

當職業學生，打小報告；當「愛黨愛國」的「紅衛兵」，打擊「敵人」，如王丹、魏京生、達賴、台獨、藏獨、疆獨、舉「ROC」(台灣)國旗的學生，當然義不容辭，勇往前進。

在民主國家、澳洲、日本、美國、加那大、歐盟諸國，都有一群這樣的中國職業學生，到處趴趴走。

台灣是中共政權、從老毛到老胡(錦濤)，都認為是非大一統不可的「固有領土」，去台灣的中國學生一定不少是搞統戰，甚至是第五縱隊、搞情報、破壞的職業學生。大概只有笨蛋、如連戰、宋楚瑜、吳伯雄、馬英九、《聯合報》、《中國時報》等，才會心盲、目盲，看不到、看不清楚，拼命要大開門戶，讓中國學生、學者、商人，甚至

黨政人士、高官、小官，來台灣到處趴趴走，還想讓他們長期定居、工作。有人發紅包撒錢買人心、買農產品、搞統戰，還有人深入各個角落，甚至軍事重地，做第五縱隊的秘密工作。

　馬英九們根本已不把專制中國視爲敵人，既無心防，也無國防。眞的，有一天，台灣人一覺醒來忽然發現全國插滿五星旗，恐怕還莫名其妙，不知究竟發生什麼事(What's happened?)！

(2010.01.05)

攏係假ㄟ

　　2012台灣大選進入最後衝刺時刻。中國釋出善意幫助馬英九，馬英九大吹4年執政政績。但兩者「攏係假ㄟ」，在騙台灣人的選票。

　　馬英九自我感覺良好，吹噓最多的經濟牌是米酒和ECFA。米酒便宜了，牛奶、咖啡、學費、房價等很多民生物品卻大漲。ECFA帶給台灣的是落入「一中」經濟陷阱，台商、資金、科技、人才流入中國，淘空、帶衰台灣經濟。

　　馬英九花人民的錢如水，花在花博、《夢想家》、「黃金十年」的宣傳廣告上，國家負債急增1兆3千億，留債、留害子孫。人民薪資大減，失業率大增、貧富差距加大，窮人更多、更窮，年輕人前途黑暗、無望。

　　他洋洋得意、不停鼓吹的政治牌是外交休兵、改善兩岸關係、建造台海和平。他稱讚中國對他有善意，不否認他的「一中各表」、「ROC」治權存在、主權沒受害的事實。

　　他選總統選急了，忙亂拋出「和平協議」，被罵成是「統一協議」、「投降協議」。罵急了，「半暝食西瓜，反症」，推出公民投票，連藍營都大罵他病急亂投醫，中

國更是傻眼。

其實他阻止民進黨立委提出的公投法修正案，彰顯了他也提公投是「提籃假燒金」，騙台灣人。

他一再強調中國對他有善意，我一再作文反駁，指出中國對台灣絕對沒有善意。只有「馬的」大統派才盲目、盲心，會感覺到中國有善意。

連「小統派」，如評論家南方朔，都對馬的善意論不以為然。

在此，我要再舉例，實證中國對台灣絕對沒有善意：

2011年10月初，「亞洲文化推廣聯盟」第29屆大會在菲律賓馬尼拉開幕，中國代表董俊新竟因地主國稱呼台灣駐菲代表李傳通為「大使」，當場憤而離席。董俊新並嗆說，他不能接受任何人把台灣「代表」稱為「大使」，在「一個中國」原則下，任何正式場合都不能出現兩個中國。

董俊新是搞文化統戰的小官一個，就敢在馬尼拉如是鴨霸，把台灣踏在腳底下。陳雲林等中國高官去台灣，不叫馬英九「總統」叫「先生」、「您」，絕口不稱呼、不接受「ROC」、不讓「ROC」國旗出現。如是污辱台灣，馬英九還說中國對台灣有善意，這不是黑白講是什麼？

10月，馬英九全世界大花錢慶祝建國百年，我旅居的澳洲布里斯本也有台僑舉辦清晨升旗典禮。典禮在一位台灣鄉親的商場前廣場舉行。國旗掛在旗竿上不久，中國總

領事館就派人找剛當選、也是我的學生的市議員,要他下令把旗拿下,說澳洲不承認「ROC」,不能掛「ROC」國旗。

我的學生客氣回答,澳洲是自由民主國家,沒有人可以不准人民掛任何國家的國旗。

差不多同時,民進黨派前僑委會委員長張富美和前立委徐國勇來布里斯本和雪梨,向同鄉說明小英總統選情,並募款。我(台灣在澳協會)發了邀請信。徐國勇的來澳簽證,很快就批准,張富美等了很久沒准,知道有問題,請我動用關係運作一下。

我馬上找國會議員幫忙,寫了1封長信,說明在中國無理壓力下,張富美8年(2000-08)委員長任期,多次申請訪澳都不准。我也曾數度帶領台僑赴坎培拉溝通、抗議,並獲朝野領袖、部長、國會議員接待,都被告知「時機不宜」。私下則都不諱言,是因中國反對,不能讓她來訪。

信中我強調,張富美已卸任快4年,是一介平民,還不讓她來訪,實在無理取鬧、荒謬絕倫。我暗示,如再不准,我將結合台灣同鄉公開抗議。

我email信給國會議員,幾分鐘後就得到回應,說馬上查問。2天後得知,張富美還在黑名單,她的簽證要外交部長(陸克文)批准。再過1天,來電說批准了。

馬英九啊!馬英九啊!這是什麼外交休兵?什麼台海和平?什麼中國善意?真的,我問得都情何以堪。我呼籲你要清醒,要看清楚、要承認中國對台灣絕對沒有善意,

不接受你的「一中各表」，否認你的「ROC」，不會讓你舉行公投決定「和平協議」，更不會讓你公投決定台灣命運，當然也絕不會放棄武力侵吞台灣。

馬英九4年來政績空空洞洞，一無是處。在大選前夕，如果馬英九還執迷不悟、不認清台灣面臨的中國帝國主義霸權威脅、對台灣趕盡殺絕，仍視台灣的自由民主人權如無物，那台灣人民別無選擇餘地，一定要要睜大眼睛看清楚，毅然決然，2012大選用選票把馬英九拉下馬，掃入台灣民主歷史的垃圾堆。

(2011.11.09)

後記：2012年八月，中國海協會會長陳雲林去台灣開第8次「江陳會」，提出「兩岸經濟一體化」。之前，中國政協主席賈慶林於第8次「國共論壇」推出「兩岸同屬一國」，溫水煮青蛙，步步逼向「一中」「一國」的統一，馬英九啞巴吃黃蓮有苦說不出，沒吭一聲。

第三輯　國際篇

　　世界194個國家是聯合國會員國，其中100個以上，不只在人口數字及經濟發展、生活水平、教育、科技和衛生水準等先進國家的指標上落後台灣，在自由民主人權現代國家價值的評定上更是落後台灣很多，但因為中國的阻擋，台灣無法成為聯合國會員國，在國際政治上是幽靈似的孤兒。

　　在馬英九接受「九二共識」、「一中各表」、兩岸「一國兩區」、甚至「兩岸一國」及外交休兵的政策下，台灣的國際生存空間，日益縮小，國際孤兒的處境日益困苦。

　　再讓馬英九玩4年，台灣的國際空間大概就被玩完了，國際孤兒的身影將更孤苦伶仃。

物以類聚的邪惡之邦

物以類聚，人也然，和好人在一起會做好事，和壞人在一起會做壞事。國家也然，專制國家容易和專制國家交朋友，成盟邦，互助合作，做獨裁專制國家常做的壞事，壓迫自己的人民，侵略別的國家。

自由民主國家也比較容易和同樣是自由民主的國家交朋友，建立盟邦關係，推展自由社會、民主國度、人民福利的人道價值和事業。歷史驗證，民主國家之間沒有發生過侵略戰爭。

所以，目前世界近200個國家的盟邦關係版圖相當清楚，專制國家站在歷史錯的一邊，民主國家站在歷史對的一邊，界線明確。所作所為也大致壁壘分明，兩個陣營之間，雖有國際政治現實主義(realism)權勢政治(power politics)的一面，尤其超強大國美國會與魔鬼交易，取得暫時戰略利益，但終極歷史分裂、對決立場(福山的歷史終結論)不變，遲早會有文明衝突(clash of civilizations)，已成歷史定論。(此文明衝突與杭廷頓的文明衝突不同。)

所以，2006年歐盟25國都是民主國家，而且都要廢除死刑。正在申請入會的土耳其等國也都必須符合這些條件，才能被准入盟。大英帝協的組成有其帝國主義歷史因

素，但目前其成員都是民主、起碼是步向民主的國家。(被驅逐出去的前帝協成員津巴布維Zimbabwe將是本文主題)。

世界唯一超強美國的主要戰略盟邦，更大都是民主國家，如英國、其他歐盟國家、日本、南韓、台灣、澳洲等。

反過來看，美國的主要戰略敵國、中國和俄羅斯(前蘇聯)，都是一黨、一人獨裁統治的專制國家。蘇聯崩潰後中國崛起，獨領專制世界風騷，要挑戰美國的世界霸權地位。

中國目前的盟邦，除俄羅斯和其他「上海5國」(中亞專制國家)的合作伙伴外，最引人注目的就是北韓、緬甸、伊朗和津巴布維，都是惡名昭彰的邪惡之國。

北韓在金日成父子獨裁殘暴統治下，戰(韓戰)死、殺死、餓死數百萬北韓人民，現在抗拒南韓、美國、日本和聯合國，就是要發展核武器及其他大規模毀滅性武器，已成世界「賤國」(pariah)，邪惡之國。

金正日能夠如是囂張霸道，沒有大靠山、專制中國的大力支助，能嗎？當然不能。只要中國停止供應食物和燃料給北韓，這個邪惡軸心國(axis of evil)馬上崩潰。

屠夫軍頭統治的緬甸，獨斷專行，關起門來打人、殺人，不僅1990年把民主選舉選勝的政黨和其黨魁翁山蘇姬關起來，一關到現在(2006)，還大開殺戒，種族清洗少數民族。

2006年12月21日，諾貝爾和平獎得主大主教屠圖

(Desmond Tutu)和經濟獎得主賽恩(Amartya Sen)在《國際論壇報》(*International Herald Tribune*)發表論文，呼籲UN和國際社會施加壓力迫使緬甸釋放政治犯、停止種族清洗、推動民主改革。他們指出，緬甸軍政權關了1100多名政治犯(實際更多)，種族清洗摧毀3000多個少數民族的村落，UN已通過16個要求緬甸改革、13個人權改善的決議案，通通被仰光的軍頭視若無睹。

像北韓一樣，緬甸軍頭敢這樣蠻橫霸道，就是因為背後有北京撐腰。像北韓一樣，沒有中國的經濟、軍事援助，仰光軍政權早就分崩離析了。

伊朗的伊斯蘭基本教義派政府，極端反對美國為首的西方民主陣營，誓言要消滅以色列，其積極發展核武器，引起世人關注。2006年12月23日UN安理會一致通過嚴厲譴責、制裁伊朗。伊朗也已成為國際「賤國」、邪惡之邦。伊朗的核武科技主要來至中國，其主要經濟命脈資源、石油，賣給中國。

津巴布維離開英國殖民統治後，少數白人種族歧視統治多數黑人，但有一定英國留下的法治和民主制度規範，經濟還是繁榮富裕，為非洲首富。黑人領袖姆加貝(Robert Mugabe)領導黑人獨立運動成功後，獨夫獨裁統治，20多年來，不管白人、黑人、反對他的都抓、都殺，殘酷迫害數百萬人。經濟更是由最富變最窮，資源豐富的國家竟變成一窮二白，有80%的人失業，通貨膨脹率高達1700%，食品和燃料嚴重短缺。

　　津巴布維被大英帝協開除協籍，被民主國家經濟制裁。但是，中國大力支持，胡錦濤在北京擁抱姆加貝，中津雙邊貿易大增，中國對津巴布維的經濟援助也一再增加。2006年聖誕前夕，津巴布維駐北京大使表示，該國將很快跟中國談判，爭取北京政府提供21億美元的貸款，幫助穩定津巴布維已完全崩潰的經濟。

　　美國總統布希(George W. Bush)稱這些國家為邪惡軸心國，雖有美國霸權主義的權力驕傲，但歷史終結地來看，沒錯。要用武力推翻這些邪惡政權，推動政權改變(regime change)，雖也有其不自量力的權勢驕傲，但歷史終結論的用心、用意，也沒錯。

　　比起中國，這些邪惡軸心國，是小巫見大巫。中共1927年開始與國民黨爭一統天下(中國)，1949年奪權成功，之後3反、5反、反右鬥爭、大躍進、文革、1989天安門到1990年代迫害法輪功、藏人、維吾爾族、民運和維權人士，殺死、餓死近1億的中國人。中國與北韓等邪惡之國為盟，擺明就是物以類聚，還聯合可以聯合的專制國家，如俄羅斯，挑戰美國為首的自由民主陣營，爭取世界霸權。

　　歷史有前車之鑑，兩個世界大戰的德國和日本，二次大戰後的蘇聯，它們的帝國崩滅，證明都是站在歷史錯誤一邊的專制國家，追求世界霸權必然惡夢一場，一定失敗。中國人民如不張大眼睛，看清楚中共政權的邪惡本質，勇敢起來推翻它，把文明古國帶上歷史對的一邊，將來必然國破家亡，到時懊悔都來不及。

(2006.12.26)

台灣、澳洲與尼加拉瓜

2007年初，被澳洲國立大學邀請發表論文，主題是民主與澳洲和台灣的關係。正想這問題想得頭大，聽到阿扁成功訪問尼加拉瓜，維護了台尼邦交關係，但回程因中國向墨西哥下壓力，總統專機不能越過墨國領空，必須費時繞道公海飛洛杉磯，令我感觸頗深。

美國和澳洲為了民主的政權改變(regime change)揮軍入侵阿富汗和伊拉克，搞得焦頭爛額。美國和澳洲有堅強戰略伙伴關係，訂有ANZUS Treaty(澳紐美條約)，美國和別國發生戰爭，澳洲有盟邦義務協助美國出戰。

是故，如果專制中國武力侵犯台灣，美國根據TRA出兵援助民主台灣，澳洲要不要協助美國？

我曾就此問過澳洲總理、外長、在野黨領袖及其他國會議員和官員，我得到的基本答案是：「那要看情形」(It depends...)，澳洲的台灣海峽政策是戰略模糊(strategic ambiguity)，不明確表示出或不出兵協防台灣。有人會進一步說明，如果台灣沒有挑釁動作，改變台海現狀，中國就出兵打台灣，澳洲可能(不是一定)會協助美國保衛台灣。

2005年12月澳洲外長唐納(Alexander Downer)訪問北京，討好中國，不小心說，如果台海發生戰事，即使美國與中

國開戰，澳洲也不會出兵援助美國。此戰略清楚之說，馬上引起爭端，不僅在野黨外交發言人陸克文(Kevin Rudd，2007為在野黨領袖)立即發言反駁，總理何華德(John Howard)也馬上澄清，強調澳洲對台政策沒變，即仍維持戰略模糊。

出訪尼加拉瓜的陳水扁總統，原先沒有提前拜會新當選總統奧蒂嘉(Daniel Ortega)的計畫。但執政黨「桑定國家解放陣線」(Sandinista)總部臨時通知外國媒體，奧蒂嘉會與陳水扁會面。會談中雙方談及合作與台灣的投資現況，深受外界矚目的尼加拉瓜與台灣官方邦交關係存續問題，雙方也做了維持邦交的決定。

奧蒂嘉首先表示對陳總統的歡迎，並強調他就職後的新政府將是一個大和解的新政府，他期望台灣政府和企業家能繼續擴大與尼加拉瓜的經貿與多邊合作。

1985年，奧蒂嘉帶領左派的桑定解放陣線，打遊擊戰推翻美國支持的右派專制的沙摩札(Samoza)政府，並得共產中國大力協助。那時，台灣跟著美國反對桑定陣線造反，與奧蒂嘉交惡。奧蒂嘉打贏後建立桑定政權，馬上與台灣斷交，和中國建交。

奧蒂嘉打游擊戰搞人民革命，馬上奪得政權，馬上治國卻不成功，尼國仍為南美洲最窮國家。他被迫民主化，1990年也在民主選舉中失去政權。之後，右派政府再與台灣恢復邦交。16年來，奧蒂嘉3次競選總統失敗，這次東山再起成功奪回政權。

一般預料，奧蒂嘉會馬上與中國重修舊好，和台灣再

度斷交。但是沒有,阿扁元首外交成功維護了台尼邦交關係,可謂難能可貴。當然,台灣給予尼加拉瓜經濟援助,是成功維護邦交的主因。不過,也不能忽視民主化成功轉變了奧蒂嘉政權的重要變數,民主政治在尼國多年運作,業已初步鞏固,明顯讓奧蒂嘉變得更民主務實,認同民主主義,不再騎馬打游擊、騎馬治國,繼續信仰馬克思、毛澤東。如是,他在台灣與中國之間選擇台灣,應有一定認同民主之意。

轉過來再看民主澳洲。澳洲這幾年來經濟大幅度向中國傾斜,其經濟依賴中國程度已超過日本和美國。為了國家經濟利益,執政與在野黨領袖都蜂擁前往北京朝拜,熱烈擁抱胡錦濤、溫家寶等中共領導,已到肉麻當有趣的黑色喜劇難看程度,令人不忍卒睹。對台灣他們則謹言慎行,連台灣的僑委會委員長張富美,都因中國壓力多次被拒來訪,總統府資政彭明敏也被兩度拒絕入境、過境。

不過,中國雖大量購買澳洲煤礦、鈾礦、鐵砂、其他礦砂、天然氣和農產品,讓澳洲這幾年經濟繼續繁榮興盛,但是,民主澳洲對專制中國的人權迫害、軍事威脅還是耿耿於懷、憂心重重。

最近,《澳洲人》(*The Australian*)報透露,澳洲政府的安全情報組織(ASIO, Australian Security Intelligence Organisation)正大量吸收、訓練會講中文的情報員,因應數千位潛藏在澳洲各界的中國間諜的情報蒐集活動。中國間諜無孔不入,從澳洲政府、軍事國防、工業科技、學術研究、工商業界,媒

體，到華人僑社和台灣社區、社團，都綿密佈置情報組織
和人員，蒐集千奇百怪、各式各樣的情資，讓澳洲政府防
不勝防、寢食難安。

2007年澳洲國防白皮書更明確直言，以中國威脅為主
要假想敵的亞太區域安全維護，是澳洲國防安全戰略思
考、計畫主軸。澳洲政府對中國這10幾年來的兩位數國防
預算快速增加及其國防戰備、戰略的缺乏透明性，非常擔
心。

如是觀之，雖然人間世事無常，道不同也不一定不相
為謀，國與國之間更是常常無情無義，道不孤也不一定能
為鄰；但是，在亞太區域戰略安全上，台灣有其關鍵地緣
戰略地位，應被重視。還有，在世界民主主流社會裡，歷
史終結論地看，台灣的成功民主化當然不容忽視。在百年
民主國度澳洲及新生民主國家尼加拉瓜，民主台灣應該被
肯定，被重視為同道、同志，也應理所當然。

(2007.01.12)

台灣前途不在北京和華盛頓

　　台大外文系1960年代初的一班老同學，2006年聖誕、2007年元旦期間，相互拜年過節，在網路上觸發了一場辯論，雖是茶壺裡的風波，但主題敏感、嚴肅，有關台灣過去、現在和未來，意見又反映台灣兩極化的歷史文化、社會政治生態，所以，大家辯得滿激烈的，頗有煙硝味。不過還好，同窗同學情深義重，最後，大家「友情永在、不談政治」結束論戰。

　　當然，問題沒有解決。爭辯起於228事件，後來延伸到統獨之爭、台灣民主化的認定、台灣前途的論斷。有同學提起228，勾引起兩極痛苦記憶。舊的台灣人(本省)，有人還記得小時候親眼目睹親友、鄰居被抓、被殺、失蹤的悲情故事，有感而發，提出來讓大家感動。新的台灣人(外省)，有人馬上激情反彈，說他們父親剛到台灣不久，為台灣做事打拼，無緣無故就在228爆發後被人(舊台灣人)欺辱、毆打。事實也是有外省同胞被打、被殺。

　　這些歷史記憶都對，但也有不全、甚至錯誤的地方。新台灣人認為大家都有受傷、受害，應該過去的讓它過去(Let bygones be bygones)，我們應該「忘記和原諒」(forget and forgive)；舊台灣人則大多認為，歷史不能忘記但可以原

諒。

我認為228對台灣人應該像猶太人的大屠殺(holocaust)，既不能忘記也不能原諒。台灣人厚道，容易忘記、也容易原諒。對228，很多台灣人主張不要忘記但可以原諒，這是善意容忍的表現，值得稱讚。

但是，228是台灣建國的開始、國家意識和認同的啓蒙，我希望有一天會變成主權獨立民主台灣的國慶日。就像猶太人一樣，台灣人不僅要記住228，更要把228的歷史真相、全貌、全部仔細紀錄留下，尤其是死了多少人？怎麼死的？誰殺的？誰要負責任？都要還原歷史真相，像猶太人一樣，鉅細靡遺，追查清楚，確切真實地記在歷史課本裡，讓台灣的子子孫孫永遠牢牢記住。

在上述的台大同學爭論中，外省同學就不認為有那麼多(2萬)台灣人(大多是學生和社會菁英)被無辜殘殺。除非有證據確鑿的真相，他們不會承認目前被認定的數字。

還有，猶太人是絕對不「忘記和原諒」。他們只要找到屠殺猶太人的德國、波蘭、或其他國家的凶犯，不管天涯海角，一類追殺不赦、不放，非程序正義制裁不可。

當然，我不認為猶太人二次世界大戰的大屠殺和台灣的228一樣悲慘(猶太人被殘殺6百萬，台灣人被殺2萬)，也不認同以牙還牙，台灣要像以色列一樣對屠殺元兇趕盡殺絕(要也來不及了，蔣介石、陳儀、彭孟緝等屠夫都死了)，能原諒的還是要原諒。

不過，轉型正義還是要實現。228蔣介石的罪狀明

確，屠殺令是他下的，他必須負全部責任，這是歷史眞相，毋庸置疑。匪夷所思的是，在台灣除了總統府的「介壽堂」改爲「總統府」、中正機場改爲桃園機場外；中正紀念館還屹立在台北市中心，讓人膜拜；中正大學還是中正大學，教育台灣學子；中正路在全國各地更是氾濫成災，一條都沒改。

更令人氣憤的是，蔣家後裔蔣方智怡，在台灣興風作浪、反扁反瘋了還不夠，阿扁辛苦出訪尼加拉瓜鞏固邦交，受盡中國污辱，她竟跑去美國撒野，在國外「洗自家的骯髒床單」，帶領紅衫軍歹戲拖棚、反扁示威讓美國人見笑。

蔣家父子專制統治台灣，濫殺無辜，滿手血腥，這樣的歷史悲情，當然不僅要在史冊裡記載清楚，不能讓台灣人忘記，也應該像猶太人一樣，不能忘記也不能原諒，該算的帳應該算得清清楚楚，一毛不能多、一毛也不能少。

在台大外文系同學的辯論中，雖然沒用刀來切割，但統獨壁壘分明，大家心裡有數。因而，統派同學認爲台灣是中國的一部分，沒有獨立建國的立場和可能。

當有台灣意識的同學提出台灣成功的民主化，民主台灣和專制中國一定不能統一，台灣前途應該由2300萬台灣人民經過民主程序決定時，統派同學提出的反駁是，台灣的民主亂七八糟，根本是鬧劇一場，台灣人和中國人一樣，都還不懂、不能推動、行使民主政治。

他們還說，台灣前途應由2300萬台灣人民民主決定，

是自我陶醉的空虛假設，沒有實質意義。台灣的前途握在北京和華盛頓手裡，台灣人民無權置喙，只能瞪眼任人宰割。

　　台灣民主化的成功，有目共睹，深受世人肯定，西方學者，包括民主學大師杭廷頓(Samuel Huntington)、達爾(Robert Dahl)、戴阿蒙(Larry Diamond)等，都有鴻文分析、驗證。台灣前途應由台灣人決定、台灣人可以接受才行之說，是寫在TRA裡面，是美國、日本、澳洲、歐盟等民主國家多年來一致認定的對台政策。

　　此認同台灣民主、支持台灣人決定自己命運的論述，世上民主國家大多有共識。統派同學的台灣無權決定自己前途的看法，雖有中共政權的支持，但從民主台灣人民的自由意志、國家主權立場來看，沒道理，不值一駁。

　　以國際政治現實主義來看，台灣的前途當然深受北京和華盛頓的影響，但以以色列、東帝汶、蒙古、古巴、墨西哥、愛爾蘭，以及其他西歐和北歐諸小國，在強權大國虎視眈眈下建國成功的歷史經驗來看，台灣國家的生存前途主要還是掌握在2300萬台灣人的手中。

　　台灣國家認同能否清楚牢固建立，人民能否團結一致對外，經濟能否持續繁榮發展，民主政治能否繼續鞏固運作，國防軍備能否像以色列一樣一再加強，最重要的是台灣人民有沒有致於死地而後生的決心，願為維護自己的自由民主人權與專制中國拼命一戰，才是台灣前途的終極決定因素。

　　有人認為，中國統一台灣之路經過華府，也許有些道理。但台灣命運絕對不在北京和華府，則是台灣人應該清楚認知、堅持的信心原則。

　　這條台灣建國之路，當然荊棘滿地，不好走；但路是人走出來的，一定走得通。走不走這條建國大道，當然就要看台灣人民了。

(2007.01.19)

　　後記：馬英九第一任內把台灣搞得更軟弱無力，任人宰割。2012年並不是「馬的」打敗蔡英文，而是北京和華盛頓夾殺，打敗小英。是故，更多中國人、台灣人、美國人認為台灣前途更不再台北，而在北京和華府，反獨、要統在北京，反統、要獨在華府，馬英九已無關緊要。

　　此說有一定道理，但絕非全部道理。終極地看，2300萬台灣人，還是決定台灣前途的最重要、最終極的決定因素，台灣人才是前世界銀行總裁Robert B. Zoellick(左立克)口中的眞正stakeholders(股主、賭主)。

澳洲和日本簽訂安保協定

2007年3月13日，澳洲總理何華德與日本首相安倍晉三在東京簽訂《澳日安保協定》，同意初步成爲戰略盟邦，在戰略情報、軍事訓練、災難救助、反恐、邊境保護上相互支援合作。這是澳、日二戰後由敵轉友、第一次建立戰略合作關係，也是日本在美國之外與第2個國家簽訂安保協定，當然意義重大，引起世界各國，尤其是中國的關切。

澳洲爲何與日本簽署安保協定？很多人都有此問。其實，在澳洲大家都心知肚明，這個安保宣言的明確假想敵，絕對是邪惡軸心國之一的北韓和專制帝國的中國。奇怪的是《中國時報》(2007.03.16)竟以「本報訊」報導如下：

「澳大利亞與日本簽訂了安保協定，雙方都特別強調並非針對中國。事實上，日本可能有針對中國的一些想法，澳洲則只是想進入亞洲而已，如要針對中國它會與美國協定，而不是與日本協定。

澳洲身處大洋洲，當前全世界都在『貿易集團』的陰影之下，澳洲的孤獨感是可想而知的，眼看亞洲這個市場的誘惑性，澳洲想躋身到此是公開的事實，但東北亞及東南亞對澳洲並沒有多大興趣，印尼與馬來西亞且與之有矛

盾。澳洲要進入亞太，只有靠美國及日本的牽引，……而日本則用拉攏美國以外的周邊國家如印度、澳洲，試圖對抗中國，既然朝鮮半島與東南亞幾乎都已站在中國這方，日本只有遠交近攻了。

澳洲視亞洲為其產品出口的命脈，目前日本就是它最大的商品與服務業出口國，澳洲正打算與日本討論自由貿易協定，而在日本要求而美國鼓勵的情形下，澳洲與日本簽安保協定是難拒絕的……

但日本媒體幾乎是齊一口徑的報導卻認為，這是意圖『牽制中國』，而美國意圖建立澳洲-日本-菲律賓的鎖鏈來牽制中國，澳日協定是其中的構成部分。

這當然使中國產生戒心，但澳洲卻又視中國市場為一大目標，目前中澳之間的貿易已很可觀，澳洲難道不理會中國的反應？……除非澳洲有意像日、美那樣想圍堵中國，不然與日本簽訂安保協定恐怕是利益不大的決定，因為想躋身亞洲貿易市場，中國與東南亞國協的接納較日本與美國的牽引更有力道。」

明顯地，《中時》在轉移焦點，有意扭曲事實，要人相信《澳日安保協定》，日方雖有反中、抗中之意，澳洲沒有，也不應該有。澳洲簽訂該宣言不是意在圍堵中國，而是要經濟進入亞洲。

這是謬論。事實當然是澳洲與日本、美國、印度等民主國家一樣，對專制中國有「文明衝突」症候群，都視中國為威脅，現實主義地因應東亞國際權勢平衡，有成立民

主聯盟對抗中國武力崛起、帝國主義威脅亞太地區和平與
安全的戰略考量。

　　《中時》第一句話就錯誤百出，澳洲與美國戰後就有
ANZUS Treaty(澳紐美條約)，是長期親密戰略伙伴。澳洲在
1950年的韓戰、1960-70年代的越戰、2002之後的伊拉克
和阿富汗之戰，都派兵與美軍並肩作戰，雖目前陷入兩國
內戰泥沼，仍忠心耿耿，追隨布希到底。越戰時有「All
the way with LBJ (Lyndon B, Johnson)」(全程跟隨強生總統)之名句，
伊、阿戰中，如有「All the way with GWB(George W. Bush 布
希總統)」，也不為過。

　　2007年，日本雖仍為澳洲第一大貿易伙伴，但澳洲與
中國雙邊貿易大增，中國已有後來居上、快速超越日本、
成為澳洲最大貿易伙伴之勢。何華德政府一再宣稱，澳中
貿易蒸蒸日上，是澳洲經濟繁榮所在，也是他執政11年最
感驕傲的成就。

　　不過，經濟歸經濟，政治歸政治，自由民主人權更是
普世價值，澳洲不會因為經濟利益沖昏頭，像台灣的統派
人士，願意犧牲台灣的自由民主基本人權。

　　澳洲外長唐納(Alexander Downer)在電視訪問時指出，日
本和澳洲都是民主國家，這是它們結盟的原因之一。總理
何華德也在電視上被問「為什麼不也與中國簽訂安保協
定？」時，更明言，「我們要務實面對中國是專制國家、
日本不是的現實。」

　　還有，環看澳洲媒體，近日一連串的鉅細靡遺、長篇

大論的報導、評論，都明確指出，雖然澳洲政府一再澄清該安保宣言非針對中國，但此地無銀3百兩，不說大家(連北京諸公)也心知肚明，3月13日在東京簽訂的《澳日安保協定》，絕對是針對中國威脅的戰略聯盟。

最後，澳洲劍及履及，也開始邁開與民主印度發展戰略聯盟的步伐，期望建構美、日、澳、印民主聯合戰線，防禦甚至圍堵軍事崛起的帝國中國。《澳洲人》報(The Australian)以社論「*India option adds to containment fever*」(印度選項增加圍堵熱潮)論述，直指這個戰略聯盟發展趨勢。

《中時》報導還有一個錯誤，澳洲近鄰印尼與澳洲已有戰略伙伴協定，關係很好，並無「矛盾」。澳洲和新加坡更早已有多年的戰略合作關係。

總之，民主與專制文明衝突的歷史發展趨勢，正在形成。稍有歷史宏觀的人都可以看得清楚。中國不改弦易轍，放棄專制、擇取民主，美、日、澳、印(包括台灣)等民主國家圍堵中國的戰略聯盟，不僅必然形成，更可能與中國文明衝突、甚至文明大戰。這是有其一定歷史決定論的現實論述。

《中時》統派意態作祟，不願看到民主聯盟圍堵中國的歷史現實，而謬論連篇，想誤導台灣民眾，居心叵測，應予唾棄。

(2007.03.16)

聯合國的可恥日

21世紀全球化步伐，在文化交流、國際經貿、旅遊移民、網際網路、區域整合、恐怖主義等發展趨勢衝擊下，雖沒大躍進，卻也一步一腳印穩步前進。此全球化，一方面衝擊傳統國家主權觀念，讓國家界線與主權逐漸流失、模糊；一方面也迫使國際關係、國際組織更為蓬勃發展，國際爭端更為頻繁、複雜，國際法更為重要。

無疑地，UN及其附屬機構，是目前世界上最重要、最有影響力的國際組織。2007年全世界194個國家只有台灣不是UN的會員。這是台灣的奇恥大辱，也是UN崇高理想的一大缺憾。其彰顯的，除了中國權勢霸權的囂張、無理取鬧、和UN各國對中國的鴨霸無能為力外，其實沒有什麼實質意義。台灣主權國家的存在，與是不是UN會員國沒有必然關係。

當然，民主台灣應該是UN會員國，它不是，是國際政治的不公不義，台灣一定要不停地以台灣之名申請進入UN，10年不成，50年、100年都要申請，「直到地獄凍結」(until the hell freezes over)也絕不放棄。

不過，對UN不要有太高期待，也不要看得太重要。不僅在維持國際正義與和平上，UN沒什麼路用，對邪惡

國家如中國、北韓、津巴布維等的為非做歹，UN一點辦法也沒有，連UN的中心價值，信誓旦旦要保護的基本人權——聯合國的人權宣言——也被這些流氓國家視如糞土，一再被踐踏。

UN的人權委員會(UN Commission on Human Rights)，多年來一直是很爛的機構，美國幾年前受氣受夠了，憤然退出。2006年7月，該委員會被迫重組，並改名為人權議會(UN Human Rights Council)，會員只有47國，包括中國、沙烏地阿拉伯、埃及、古巴、安哥拉、亞賽拜然等迫害人權嚴重的專制國家。

1年不到，該議會通過9個決議案，沒有一個譴責蘇丹、津巴布維、中國等國違犯人權，9個決議案通通批判以色列迫害人權。

UN的婦女地位委員會(UN Commission on the Status of Women)，2007年調查全世界婦女被歧視情況，伊朗、沙烏地阿拉伯、阿富汗等國一字不提，唯一被譴責的又是以色列。

UN的永續發展委員會(UN Commission on Sustainable Development)，負責推動世界的經濟發展及環境保護。2007年五月它選出經濟發展最落後、環境保護最差的津巴布維為其主席。津巴布維的通貨膨脹每年2200%，經濟緊縮5%，國家早已破產，民不聊生。

UN的解武委員會(UN Disarmament Commission)，2007年選出大肆發展核武器的伊朗為其副主席，支持恐怖主義的敘

利亞為其書記長。

UN的信息委員會(Commission on Information)主張言論自由，但其會員包括毫無言論自由的中國、哈薩克等。另外，UN的世界糧食計畫(World Food Program)的執行委員包括飢民遍野的蘇丹和津巴布維。UN的國際勞工組織的執行理事國包括歧視外國勞工很厲害的沙烏地阿拉伯。

UN當然有做好事，但其胡作非為、惡行惡狀，也是罄竹難書。這樣一副德行的UN，在中國霸權主義壓抑下把台灣排除在外，反諷地看，對台灣是禍是福，還真難說。

最近，世界動物衛生組織(OIE)第75屆年會屈從中國的壓力，表決通過貶抑台灣會籍地位與名稱的決議，將台灣以主權國家參與的身分，降格為非主權區域會員。

台灣在1954年以「ROC」名義成為世界動物衛生組織正式會員。中國1992年入會後，台灣被更名成「Taipei China」。此次將台灣國名稱改為「中華台北」(Chinese Taipei)，又承認「一中」原則，認定台灣為中國的一部分，並非主權國家。這樣爛的OIE值得台灣留念嗎？

2007年5月，陳水扁總統接見美國加州沛普汀大學(Pepperdine University)教授賀錢森(Bruce Herschensohn)，賀錢森向陳總統建議，將10月25日台灣退出UN的日子，宣布為「台灣獨立紀念日」；陳總統回應表示，這是一個嚴肅課題，必須非常謹慎、小心、戒慎恐懼地來討論。

賀錢森表示，2007年10月25日是台灣退出UN36週

年，他當面向總統建議，宣布這天爲「台灣獨立紀念日」，就像美國宣布7月4日是美國獨立紀念日一樣；並宣布從那天起台灣不需要尋求加入UN，與那些惡質政府在同一大廳內。

陳總統回應指出，這是非常好的創見，他是第一次聽到，非常佩服，但若宣布10月25日是台灣獨立紀念日，「4不」就變成「3不」，少了「1不」。

賀錢森的建議是很有創意。不過，台灣的獨立建國紀念日應該是2月28日，應毋庸置疑。

雖然UN很爛，但是，台灣還是要繼續不斷以台灣的名義申請進入UN，因爲那是全球化世界新秩序中唯一包括所有主權國家的國際組織，台灣不能缺席，不能放棄國家主權運作的權利。就像台灣的立法院一樣，再爛也要，也要參與，因爲它是台灣民主不可或缺的一部分。

阿扁總統可以考慮的是，只要台灣不是UN會員的一天，就把10月25日訂爲台灣的「UN之恥日」，並大肆慶祝一番，讓世人看到UN違背其憲章、排斥台灣的荒謬、無理。

(2007.05.30)

「民主協定」向前邁進

2007年6月，我寫專欄《民主是台灣主權獨立生存的鐵道理》，提出「民主協定」(concert of democracies)的觀念，認為21世紀民主與專制會有一場「文明衝突」。有人認為那是一場新的冷戰。很多人認為民主必勝，我同意。

文中我還提出，在民主台灣與專制中國之間，台灣的主權獨立存在，不是由主張獨立的陳水扁和謝長廷、也不是由主張統一的連戰和馬英九可以決定的，那是2300萬台灣人的基本人權，只有台灣人可以民主決定。台灣人民主決定台灣獨立，中國不可能武力侵略台灣，美、日、澳(洲)等民主國家也不可能袖手旁觀，讓中國任意武力侵佔台灣。

世事多變，卻也有幾件事驗證我上述論點，證明民主不可能向專制低頭，人民力量展現的民主意志無遠弗屆，威力非凡，「民主協定」正一步一腳印向前邁進。

2007年6月12日，在德國召開G8工業大國會議後，美國總統布希訪問東歐，在科索沃(Kosovo)首都Pristina宣布強烈支持科國獨立。布希聲稱，既使俄羅斯在UN反對，投否決票，美國也要堅決支持科索沃獨立。

1990年代南斯拉夫崩潰後，分裂成好幾個獨立國家。

其中科索沃人民(多為阿爾巴尼亞人)要求獨立，不為塞爾維亞(斯拉夫人)接受，爆發慘烈種族戰爭。塞爾維亞有俄羅斯的大力支持，科索沃的獨立建國困難重重。

但是，在人民自決普世人權原則及美、日、歐盟等「民主協定」國家聲援下，科索沃的獨立建國，指日可待。科索沃都要獨立，民主台灣更要獨立，「民主協定」國家能不認同、支持？

美國國會於2003年立法通過成立「共產主義受害者基金會」，目的是要紀念全球至今已超過1億遭共產主義迫害的人。2006年9月，基金會利用募得的基金在華府國會廣場附近動土興建「共產主義受害者紀念碑」。

2007年6月13日紀念碑揭幕典禮，美國總統布希與台灣駐華府代表吳釗燮出席。布希在典禮上說，20世紀是人類歷史上死亡最慘重的世紀。共產主義在這個世紀裡奪走1億人命，光在中國就有數千萬受難者。而值得警惕的是，以邪惡和仇恨為基礎的共產主義，到今天還繼續存在。

布希強調，美國有義務為共產主義受害者討回正義，美國將繼續在全球傳播自由民主的理念，同時確信自由民主終將獲勝，希望最終世界上將不會再有共產主義的受害者。

大會上，吳釗燮被安排在會場第一排的位置，布希在致詞後走到台下，與吳釗燮握手致意。美台斷交以來，台灣駐美代表絕少有機會跟美國總統在公開場合握手交談。

布希走到吳釗燮面前時，吳向布希自我介紹：「我是來自台灣的大使Joseph Wu。」他並感謝布希對台灣的支持，同時強調台灣支持美國在全球推動自由民主的努力。

布希向吳釗燮致謝，並用拳頭輕敲吳釗燮的胸口說：「很高興在這裡見到你。」他同時接過吳釗燮手中的紀念儀式手冊，在上面簽名留念。

布希這個公開的動作，當然不是偶發事件，絕對是預先安排好的。他和吳釗燮的互動，是強力向中國傳達一個不言可喻的嚴肅信息：美國肯定、支持民主台灣，專制中國不可輕舉妄動，對台灣發射飛彈，武力侵犯台灣。中國武力犯台，美國不可能袖手旁觀，一定會派兵協防台灣。

布希這樣強烈表示支持台灣，主要理由：1. 是他本人認同民主、支持民主化成功的台灣，反對共產主義，反對共產黨獨裁統治的中國。2. 是，不僅布希、而是很多美國人民，一樣認同民主、反對專制、支持民主台灣、反對共產主義的專制中國。

同一時間，在澳洲，來了達賴喇嘛，以他充滿愛心、微笑、和平、忍讓、樂觀的人生觀、宗教觀，掀起正義道德的無敵旋風，吹起千層的心靈風波及暗潮洶湧的政治風浪。他主張自由、民主、人權普世價值，並用平易近人但擲地有聲的語言說出他的看法，沒有說教意味，卻有動人心弦的如沐春風。

本來澳洲執政黨的總理何華德(John Howard)及反對黨領袖陸克文(Kevin Rudd)，在「崛起中國」的龐大政經利益壓

力下，都對達賴避之唯恐不及，沒有與這位西藏宗教領袖見面的打算。但是，他們不預備與達賴見面的消息曝光後，引起全國一片譁然，輿論界一片撻伐之聲。

眼看民心向背，何、陸兩兄馬上急轉彎，拼命翻行事日曆，要找出與達賴見面的吉日祥辰。當然，他們都輕易找到見面的吉日祥辰，並高高興興地在媒體前擺姿弄騷，要讓全國人民都看到他們與達賴見面的風光鏡頭。

北京當然大罵，宣洩他們極端的不滿，並粗暴威脅會有不可預料的嚴重後果。澳洲外長唐納(Alexander Downer)呼籲中國要尊重澳洲的民主政治。他說，澳洲的政治體制與中國完全不同，在民主澳洲宗教領袖如達賴永遠會受歡迎。

這些年來，澳洲經濟靠能源與資源輸出中國而持續繁榮。朝野兩黨都視中國為澳洲經濟繁華的救命仙丹，一再低聲下氣，委曲求全，一點也不敢觸怒北京中南海諸公，令人看得跳腳。

但即使政治動物如何華德、陸克文、唐納之輩，在民主澳洲，他們還是忠誠的民主信徒。打從內心，他們絕對討厭專制主義和共黨獨裁統治的霸權中國。更重要的是，和美國、歐洲及其他民主國家一樣，澳洲人基本上絕大多數反對專制、認同民主。選票在人民手中，會說話，澳洲政客對專制中國磕頭太多，一定不得民心、喪失選票。

不久前，澳洲與日本簽署安保協議，並與美國、日本開始建構反飛彈系統，引發中國嚴厲反彈，因為這個龐大

的反飛彈系統，絕對不僅針對流氓國家北韓，還明顯針對中國。澳洲戰略學者大都同意，長遠地看，該系統必然涵蓋台灣海峽。

當被問及，爲何澳洲與日本、卻不與中國戰略合作？何華德回答，澳洲和日本是民主國家，中國不是。

世上有達賴、曼德拉、翁山蘇姬、哈維爾(捷克前總統)、李登輝等人道主義、民主主義者，又有布希、何華德、陸克文、布萊爾(Tony Blair)、沙科奇(Nicolas Sarkozy)、陳水扁、謝長廷、安倍晉三等民主政治人物，更有120多個民主國家的人民的認同、支持，人類文明發展主流的人道主義、民主主義，應該是前程一片看好，台灣的民主前途、國家命運，雖還有崎嶇難行的路要走，應也光明正大，充滿希望。

(2007.06.20)

美國反對台灣入聯公投

　　陳水扁總統於2007年6月18日宣布，將於大選時一併舉行以台灣名義加入UN的公民投票。阿扁是於接見美國傳統基金會會長佛訥(Edwin J. Feulner)、該會亞洲研究中心主任羅門(Walter Lohman)等人時做上述表示。

　　美國馬上強烈反應，國務院發言人麥考馬克(Sean McCormack) 19日指出，台灣要就「以台灣為名申請加入UN」舉行公投一事，不但無助於台灣入UN，反倒升高台海緊張，所以美國反對，並促請陳水扁總統拒絕此一倡議。

　　依據事先備妥的內容，麥考馬克唸道，美國反對任何片面改變台海現狀之舉，「包括是否以台灣為名申請加入UN之公民投票」。他說，這樣的公投，對台灣參與UN一事沒有實際效益，反倒加劇台海緊張。他指出，維繫台海和平與穩定，是台灣人民的關鍵利益，也符合美國的安全利益，可是，擬議中的公投卻顯然「與陳總統一再對布希總統以及國際社會所作的各項承諾背道而馳」。因此，麥考馬克說，美國敦促陳總統「展現領導力，拒絕此一公投倡議」。

　　美國這樣強力反彈，相當鴨霸，無理取鬧，其近因

是美國與中國的第4度副外長級高層對話，20日在華府揭幕，美國不願台海這種時刻節外生枝。還有，有關北韓核武的6方談判最近有進展，國務院助理國務卿希爾(Christopher Hill)正訪問平壤，美國還需要中國協助。

正因美中高層對話在即，有人詢問美方官員，關於反對台灣的入聯公投一事「是否因為中國施壓？」該官員不予回答。說沒有，誰相信？不過，麥考馬克發言後次日，國務院又馬上對外界的質疑「美國對台政策會不會改變？」澄清，美國的台海政策沒有改變。

美國是民主國度，各部會都有本位主義，不僅常明爭暗鬥，權力鬥爭，政策更因理念與切身利益的不同，甚至衝突，而有不同。尤其掌管外交的國務院與負責戰略安全的國防部之間，一文一武，前者講接觸、溝通、妥協、談判、和平，後者講安全與戰爭、武力展現與威嚇、戰略部署及權勢平衡。對專制中國的看法和政策決定，兩部門常南轅北轍，各說各話，各做各事。

美國國務院二次世界大戰以來，一直有所謂「中國情結」，其中國外交政策，受哈佛大學中國研究祖師爺費正清(John King Fairbank)及其徒子徒孫的影響滿大。他們大都對中國2000年的悠久歷史和文化有一定的好感和同情，甚至當年很多認為毛澤東的共產革命是農民革命，值得同情。結果，1949年就在這些人的手中「失去中國」(loss of China)，讓共產黨的專制鐵幕籠罩中國至今。

這個「中國情結」轉為「中國遊說團」(China Lobby)，

主掌國務院的中國政策，一直到現在還牢不可破。最近新暢銷書《雷根日記》出現，書中，雷根對國務院的「中國遊說團」頗有怨言。他在1982年本想出售FX高性能戰鬥機給台灣，但因國務院的反對，認爲會觸怒中國，而被迫放棄。

後來，雷根記下了一些令人震驚的事：「我得知有一個中國遊說團，它在國務院內有長期潛伏的內應。《郵報》有一篇報導，談及爲何我們應緊抓PRC不放，別管台灣。」雷根對於有人把消息洩漏給《華盛頓郵報》，感到錯愕、不悅。

雷根寫道：「媒體大肆報導我改變了對台灣的立場，因爲我們只準備出售F-5E及F-104給他們。我認爲，中國遊說團鼓吹這個路線，來安撫中國。中國根本不希望我們出售任何東西給他們(台灣)。」

雷根坦承，當時他與國務卿海格(Alexander Haig)的意見相左。他說，海格想「違背我們對台灣的承諾」。1982年3月29日，海格建議將以「近乎道歉語氣」寫成的『文件』送交中國，遭雷根反對。後來海格被迫辭職。海格就是前國務卿季辛吉1971年赴北京向老毛磕頭的助手。

傳統基金會資深研究員譚慎格(John J. Tkacik, Jr.)，評論《雷根日記》，就指出，美國外交政策官僚系統及學術界仍存有這種「中國情結」，也就是，外界評斷美國外交官時，比較重視他們在緩和華府與北京關係上的成果，而不重視他們是否仔細檢視美國在中國的確切利益。

反看美國五角大廈，在它最近公佈的2007年《中國軍力報告》，明顯指出，中國已成為一個新興核子強權，對台灣、亞太地區、美國已構成明確戰略威脅。

前五角大廈中國問題專家白邦瑞(Michael Pillsbury)指出，報告中有關台灣的字句，《中國軍力報告》是「歷來美國對中(政策)文件當中，警告攻台可能發生嚴重後果，最直言不諱的一次」。

報告中首度描述中國新的「晉級」核子動力潛艦，每艘「晉級」潛艦可搭載12枚「巨浪二型」洲際彈道飛彈，射程可達8000公里。中國要建造5艘該潛艦，這意味中國會有60枚新的核子洲際彈道飛彈，180至480枚新核子彈頭，這些飛彈瞄準誰？大家用膝蓋想都知道，當然要瞄準美國。

譚慎格指出，美國國家安全的官僚體系如今應體認以下事實：中國不但是一個高壓統治、宣稱有權管制所有人類行為面向的一黨專政獨裁國家，從美中戰略經濟對話結果乏善可陳觀之，也逐漸證明它是一個不可靠的對話夥伴，做出一堆顯然無意遵守的承諾。如今，它已成為一個新興核子強權，擁有數百枚瞄準美國的新核子彈頭。

還可一提的是，上述反阿扁公投發言，由背景說明到國務院發言人重申反對論點，雖有其一定權威性，但層次不高，如由國務卿萊斯(Condoleezza Rice)、甚至總統布希親自發言，當然層次不同，權威性也有別。

布希最近從華府到東歐，曾多次讚美台灣成功的民主

化，譴責中國的專制政權，並與台灣駐美代表吳釗燮在公開場合握手言歡，顯示他對民主台灣的認同和支持。我們可拭目以待，看看他會不會也續國務院發言人之後說出重話。

麥考馬克的嚴厲發言，既是說給阿扁聽，當然更是說給北京聽。雖然阿扁要聽，但也不必言聽計從。不管美國承不承認，台灣就是主權獨立民主國家，有其民主大道要走。「以台灣為名申請加入UN」舉行公投，就是台灣該走的民主大路，非走不可。美國是民主國家，反對無理，阿扁不要理它。

民進黨中常會對美國的強勢壓抑，馬上通過中常委蔡同榮提案，將繼續推動以台灣名義加入UN公投案的連署。民進黨並公布民調顯示，高達7成1的民眾贊成以台灣名義加入UN，泛藍選民中也有5成5對此表示贊成。

民進黨主席游錫堃表示，民主自由是美國200多年來的立國精神，美國希望台灣能實施民主政治，這樣的鼓勵和價值，也正是台灣民主能如此進步的原因之一，不論國務院如何說，美國人民絕對會支持台灣落實民主，以公投展現台灣人對以台灣名義加入UN的行動。

行政院發言人謝志偉也表示，不管是以台灣名義加入UN、WHO等國際參與問題，都是基於一個出發點，就是台灣已解嚴20年，人民在台灣的現狀和未來扮演決定性角色。他強調，國家主權來自人民，沒有任何一個標榜民主人權的國家可以對台灣說不，或者是恐嚇、嚇阻。

　　連中國國民黨總統候選人馬英九都不敢違背台灣人民，也正面表示，他看到美國國務院聲明後感到很遺憾，台灣有2300萬人，在UN卻沒有適當的代表；他認為中國在UN，「不能代表2300萬的台灣人！」他支持任何可行的方式，讓台灣在UN恢復代表性。馬英九強調，以「對台灣有利、符合台灣尊嚴」的方式加入UN，是許多台灣民眾的心聲。

　　都說得義正辭嚴。不過，不要口是心非，只說不練，說了就要做，台灣人民眼睛雪亮，正睜大眼睛在看。

（2007.06.27）

以台灣名義申請進入UN

　　陳水扁總統於2007年7月18日寫信給UN秘書長潘基文，第一次以台灣之名申請進入UN。潘基文以1971UN2758號決議文宣稱，UN承認「一個中國」，台灣是中國的一部份，台灣的UN代表權問題早已解決，並把陳總統的信退還。陳總統於7月27日再致函潘基文，一樣被退回。

　　潘基文當然無理取鬧。2758號決議文沒有談到「一中」議題，更沒有承認台灣是中國的一部分，也沒有處理台灣在UN的代表權問題。

　　阿扁總統提出以台灣之名申請入聯，同時推動入聯公投，在國內外都激起千層政治大浪。國內，泛藍政客及媒體冷嘲熱諷，但馬英九也看到入聯是台灣民心所在，不可違背，因而手忙腳亂，被迫爲選票提香跟進，推出荒腔走板的「返聯」公投。國外，不僅中國大叫台灣在搞法理台獨，玩火自焚，連台灣「守護神」美國都怪叫，強力反彈，罵阿扁在改變現狀，製造麻煩。

　　美國的歇斯底里反彈，無理壓抑民主台灣，有違民主政治原則，被認爲，爲了解決北韓核武及反恐問題，戰略考量，過分討好中國。其不讓阿扁總統訪問中南美洲時過

境美國本土，則是小題大作。阿扁留在專機上忍辱抗議，
無奈但有理。

還好，1971年美國開始與中國關係正常化後，從來沒
有承認台灣是中國的一部分。對潘基文的2758「一中」說
詞，美國國務院也立即回應，去信表明美國不認同潘的說
法。

9月22日，台灣入聯案在UN大會上討論，中國外強中
乾，發動120多個邦交國替它撐腰、說話。前後竟有140多
個國家發言，討論了4個多小時。最後以126比14票否決了
台灣入聯案。美、日、歐盟民主大國，雖大多沒有發言支
持中國，但也都投下反對台灣入聯的票，可謂民主世界之
奇恥大辱。它們向專制中國如是磕頭，歷史不會忘記。

表面上，專制中國大勝，民主台灣大敗。但環視世
人、世界各國輿論的普遍反應，所彰顯的民心民意所在，
台灣不僅沒敗，還大勝，中國不僅沒勝，其實大敗。

君不見，阿扁這次以台灣名義申請入聯，引起世人注
目，加上中國強力反彈及UN的140多國大辯論，台灣入聯
問題第一次如是大張旗鼓，變成眾所周知的國際議題，被
國際媒體大肆報導，篇數多達千篇。美、日、歐盟諸民主
國家的主要大報，更都推出長篇社論和專文，仗義執言，
為台灣發聲，認為民主台灣應該是UN會員，當然更可根
據民主原則舉行入聯公投。

之間，根據美、日等國的民意測驗，有60%至80%的
人民認為台灣應該入聯，並支持台灣入聯公投。很少世人

認爲中國的鴨霸行徑可以理解、接受。

歸根結柢，這是民主與專制「文明衝突」的世紀大戰，專制中國必爲美、日、澳洲、歐盟等民主國度之敵，這些國家雖爲短視、短期「國家利益」不願正視，但世人眼光雪亮，看得清清楚楚。

所以，阿扁放棄「ROC」、以台灣名義申請入聯，就如是轟動，引發世人的關注，有其歷史文明發展應然道理。只要台灣再接再厲，每年UN大會都大肆聲張申請入會，5年、10年、20年不成，50年、100年一定成功，也是世界歷史文明發展的必然，我堅信不移。

當然，國際政治之外，還有台灣國內民主政治發展的深層意義。除了入聯公投的民主鞏固效應外，更重要的是，其台灣主權國家意識的凝聚、國家認同的擴大深入建構，願景因而更明確、可待。

2007年底，我在澳洲、美國、歐洲各地走動，參加有關台灣研究、台灣國際地位的會議，發表演說，與國際人士及台灣同鄉見面長談，台灣入聯是主題。從澳洲雪梨，美國加州的聖地牙哥、洛杉磯、舊金山和矽谷，到歐洲的布魯塞爾、羅馬和佛羅倫斯，我遇到的台灣同鄉、大學教授、國會議員及媒體記者和主編，大多贊同台灣入聯的動作，反對中國的霸權主義及美國磕頭主義的中國政策。

很多海外同鄉，這些年來對台灣、包括阿扁政府，在國家認同、進入UN等重大國政上，遲疑不前，毫無突破，甚爲不滿。這次阿扁毅然決然的大動作，令人突然耳

目一新，心神大振，充滿希望。大家感覺台灣民主前途大
有作為，值得再為其賣命打拚。

當然，沒有人認為台灣的建國、入聯之路好走。大家
都知道那是一條千辛萬苦、滿地荊棘的漫長道途。不過，
阿扁的入聯公投和申請，絕對是一個好的開始。

好的開始是成功的一半。假如2008年3月大選時入聯
公投能順利通過，那更是最好的開始。有了如是民主主義
的民意展現，不僅在台灣將有主權獨立建國的強大動力出
現，在國際政治上，尤其是對美、日等民主大國，更將有
無法抗拒的摧枯拉朽、創建新局的作用。

不讓台灣進入UN，必然越來越沒道理，越難理性維
持。歷史終極地看，民主國家非支持台灣不可，台灣入聯
當然可以期待。

所以，我在各國演講、談話中一再重複強調此點，
並向台灣同鄉呼籲，不管藍綠，不管票投給謝長廷或馬
英九，入聯公投一定要通過。我甚至認為，民進黨的入
聯公投與國民黨的「返聯」公投，不管「返聯」如何自
我矛盾，如雙方無法整合，藍綠雙方都應在台灣優先的
考慮下投下贊成票，讓兩案都能多票通過。我這個台灣
優先、超越黨派利益的建議，獲得大多數海外同鄉的贊
同。

兩個公投都沒通過，將是最壞的結果，對台灣國家前
途會造成不可彌補的傷害。台灣人民2008年一定要慎思明
辨，投下世人注目、中國專制政權最怕、美國民主政府不

能忽視、不敢抗拒的入聯(「返聯」)公投一票。我們拭目以待，天佑台灣！

(2007.10.28)

中國干涉他國內政

2007年11月底，馬英九去日本訪問提出「不獨、不統、不武」，並且要與中國簽訂和平協議，建立軍事互信機制。還有，他一直堅持「終極統一」，認為台灣最後要與中國統一。他接受「九二共識」、「一中各表」。中國接受「九二共識」但不認帳「各表」，否認「一中」有「各表」。

馬英九選總統的副手蕭萬長，多年來推動「兩岸共同市場」，想學歐盟模式，政經分離，只推展經濟整合，不談政治連接。

不久前，聯電榮譽董事長曹興誠刊登廣告提出《兩岸和平共處法》，建議台灣舉行「統一公投」，引起很大爭議。後來，他又再刊登廣告《再論兩岸和平共處法 — 兼答陳水扁先生之質疑》，為他的統一論辯護。

民進黨總統候選人謝長廷的「台灣維新」、「和解共生」政策，也主張對中國進一步開放。

當然，馬英九與謝長廷之間有根本統獨國家認同的區別。但他們對專制中國釋出善意，想改善台中兩國關係，用心之處有相同的地方。

不過，他們共同的問題是，期望專制中國會有善意回

應。在這一關鍵問題上，他們都明顯太過一廂情願，犯了一個嚴重錯誤，對中共政權的權勢本質不了解，不知中共1921年成立以來絕對遵守「權力至上」，「政治掛帥」主導一切，不僅經濟、連軍事都要服務政治，受政治指導、控制。老毛的名言，「槍杆子裡出政權，但政治指揮槍杆子」，至今仍是胡錦濤諸公奉爲最高指導原則。

近年「中國崛起」嚴峻影響美國、日本、歐盟、澳洲等民主國家的對中政策。不僅經貿上雙方關係大肆改進，連外交、戰略安全等關係上，都有越來越綿密的接觸。因爲911後反恐戰爭日益嚴峻，爲因應北韓及伊朗核武危機，美國一再向中國妥協。

澳洲近年來經濟繁榮，卻越來越依賴中國。2006-07年度，澳中兩國貿易增長21％，高達500億澳幣，澳洲享受貿易順差3比1。很快中國將取代日本成爲澳洲最大貿易伙伴。

2007年有9萬中國學生留學澳洲，並有不少中國訪問學者在澳洲大學和研究機構工作。每年還有31萬中國旅客來澳洲旅遊。1989年天安門事件後中國移民大增，目前有69萬中國人移民澳洲。

最近，澳洲政府，尤其是安全單位，開始注意到這個經貿、學術及移民關係大肆增長帶來的政治與國家安全問題。

首先，2005年中國駐雪梨總領事館的第一秘書陳用林，尋求政治庇護，透露中國有2千間諜在澳洲趴趴走，

引起全國一片譁然。

不僅如此,最近澳洲安全單位開始發覺並深感憂慮,中國蒐集軍政情資外,更滲透澳洲學術研究機構,運用中國學者偷取澳洲高科技研發結果,並經由「孔子學院」在澳洲各大學傳播中國歷史、文化和價值,企圖長期影響澳洲人對專制中國的想法、看法。

還有,在中國外交、統戰組織的領導下,威脅利誘華僑、台僑,滲透、分裂華僑、台僑社團。

最令澳洲政府及政治人士震驚的是,中國利用經濟力量向澳洲政府官員下壓力,政治干擾澳洲內政。

2007年底,法輪功支持的全球人權聖火傳遞活動到達澳洲,引起各界注目。聖火到達布里斯本、雪梨、墨爾本之前,各州議員都收到中國總領事的信,口出狂言,要求(有人說聽起來像「下令」)他們不要參加聖火傳遞活動。信中並暗示如果他們不聽勸言,可能會負面影響澳中經貿關係。

中國官員如是赤裸裸的警告、威脅,用經濟力量壓抑澳洲民主人權和政治的行徑,引起很多澳洲政治人物及媒體的強力反彈。一位有名的中國專家在澳洲國會作證直言,中國的行徑已嚴重侵犯澳洲國家主權。

不久前,達賴喇嘛來澳洲訪問,中國政府直接向澳洲總理何華德表明,要他不接見達賴,讓何華德大為動怒,對澳洲外長唐納說,「究竟誰決定澳洲總理見誰不見誰?我?還是北京?」他當場決定公開接見達賴。

中國崛起的高速經濟發展,依賴澳洲豐富的能源及生

產原料。中國竟如是霸道，赤裸裸干預澳洲內政，其彰顯的「政治掛帥」、「以經(商)逼政」的政治文化、心態和作法，令很多澳洲人不滿。

崛起中國不僅在澳洲，連超強美國及歐盟強國，如德國，都產生同樣的中國威脅症候群。

2007年9月雪梨APEC高峰會中，美國、日本、澳洲與印度協商建構民主戰略聯盟，不言可喻針對中國。他們用行動點出中國威脅症候群的存在。

大概只有天真無知的中國國民黨，才有馬英九的「不獨、不統、不武」、蕭萬長的「兩岸共同市場」，對中國全面開放，毫無敵我意識，不維護台灣主權。

有這樣愚笨的政黨和政治領導人，台灣國家主權前途，實在很難看好，令有台灣心的台灣人憂心。台灣人如不幡然覺醒，在2008年的立委及總統大選中，眼睛雪亮，投下認同台灣的一票，台灣前途一定黑暗。這不是危言聳聽，是鐵的現實。

(2007.12.02)

不要只聽萊斯說的話

2007年底，台灣入聯公投已有270多萬人民連署成案，憲政程序必須走完，連陳水扁總統都不能阻擋。在中國遊說、壓力下，美國反對台灣入聯公投之聲分貝大增。

先有副國務卿尼格羅龐蒂(John Negroponte)、助理國務卿柯慶生(Thomas. Christensen) 等的反台發言，後有美國在台協會理事主席薄瑞光(Raymond F. Burghardt)親赴台灣，向陳水扁總統表示反對入聯公投。

最後，由國務卿萊斯(Condoleezza Rice)披袍上陣，有備而來，在年終記者招待會中，根據預先準備好的講稿照唸，說台灣以台灣之名申請入聯公投是挑釁的政策，它不需要地提升台灣海峽的緊張局勢，而且對台灣人民尋求國際生存空間並無益助。她也重複美國一貫立場，美國實行「一中」政策，反對台海兩邊任何一邊單方面改變現狀，也反對武力解決台海爭端。

萊斯出口甚重，用意甚明。總統候選人謝長廷聽到了她的重話，但認為公投是民主的必然程序，270多萬人民連署的入聯公投誰也不能更改、阻止。他並表示，我們不能排除美國由最高層次布希總統親自發言反對的可能性。馬英九則呼應美國說法，並與中國說辭一樣，認為陳水扁

在製造麻煩，陷台灣於不利。

12月22日台灣各大報都頭版頭條醒目報導萊斯發言。統派報紙、泛藍政客大肆呼應萊斯，譴責入聯公投，把它罵得一文不值。電視更是一再重複萊斯發言鏡頭，唯恐台灣人民沒有聽到她的聲音、看到她的嚴肅表情。

匪夷所思的是，全台灣都被萊斯發言搞得雞飛狗跳，卻沒有人理性沉著，看看人家美國如何看待此事。《紐約時報》(《國際前鋒論壇報》)同1天的報導就非常不同。該報的標題是「美國同向台灣與中國開火」。

該報導先提萊斯反台言論，認為她偏向中國。並報導，美國國務院對阿扁總統的言行不滿，認為台灣的入聯公投是進一步走向台灣獨立。《紐約時報》也指出，台灣廢除「ROC」之名的正名運動對台灣人民很重要，就是要否定中國把台灣認為是中國一部分的說法。

《紐時》同時用同樣篇幅、語氣，報導美國國防部長蓋斯(Robert Gates)譴責中國的發言。蓋斯嚴辭說，中國對感恩節不讓美國軍艦進入香港休息過節的解說是胡說八道。美國售賣武器給台灣是長期以來公開的事情，世人皆知。蓋斯說，他11月訪問北京時對中國領導說得很清楚，只要中國繼續武力威脅台灣，根據TRA美國就會繼續賣防衛性武器給台灣。中國以此理由臨時取消美國軍艦根據國際慣例進入香港休息與補及的正當活動，根本是瞎扯。

這是蓋斯第1次公開嚴厲譴責中國最近對美國一系列的不友善動作，彰顯雙方緊張關係不僅沒有改善還有惡化

之勢。

萊斯發言譴責台灣當然要傾聽、正視，台灣要盡力和美國溝通說明。但是，台灣入聯公投是正當、正確、必然的民主程序運作，不需聽到美國說話反對就不辦。何況，萊斯講話給台灣聽，也給中國聽。其國際政治用意錯綜複雜，反台灣公投的說法也必有其說真的、說假的的辯證政治因素。

就有美國朋友指出，萊斯發言前，中國外長楊潔篪(布希父子的老朋友)赴美會見萊斯和布希，就是要說服他們公開說話反對台灣入聯公投。萊斯因而說了北京要聽的話，應有其一定的「務虛」用意。

此說有點道理。更重要的是，美國有國會議員公開反對萊斯對台灣公投的說三道四。更有多數(50%以上)美國人認同、支持台灣的入聯公投。

當然，最重要的是，絕大多數台灣人(70%以上)支持入聯公投。有此民意基礎，還有270萬公民的簽署，台灣的入聯公投當然有其民主憲政非舉行不可的正當性、必然性。

最後補充一點，台灣媒體實在應該學學《紐約時報》，客觀、平實、公正報導有關台灣民主的重大新聞，不要意態偏見，報憂不報喜，甚至歇斯地里，就是要嚇唬台灣人民。

(2007.12.29)

陸克文的中國情結

澳洲總理陸克文(Kevin Rudd)，大概是世界民主國家中最親近專制中國的國家領袖，陸克文也是專制中國在西方民主國家中最要好的朋友。

他親中國的理由很多，主因有3：

1. 他大學唸中文系，很懂中文，了解中國歷史、文化和政治，並信心滿滿，對中國有西方中國通(費正清)傳統的文化親切、歷史同情、政治容忍和善意心態。

2. 他是國際政治現實主義、卻又是多邊自由主義者(有矛盾)，相信多邊接觸、和解、整合的國際關係。

3. 他經濟掛帥，認為澳洲經濟越來越依賴中國崛起，必須與中國維持、發展多元密切關係。

所以，他2007年底上台前，勤跑中國，發展關係。上台後，他出國進行國是訪問的第一站，不是澳洲第一貿易國的日本，也不是澳洲最重要的戰略夥伴美國，而是他也曾嚴厲批評破壞人權的專制中國，令日本吃味，也令布希的美國不安。他在北京與胡錦濤、溫家寶擁抱，用中文交談，歡樂、親熱無比，令很多其他國家領導人吃味、眼紅。

在2009全球金融海嘯、經濟大衰退的危機中，陸克文

面向美國，卻心向中國。雖然中國也身陷其中，自身難保，他還是認爲中國是解決問題的關鍵所在。

他跑去華府會見美國總統歐巴馬，大力推薦讓中國變成IMF(國際貨幣基金組織)的主導國(以前由美國和西歐國家主導)，由中國挹注大量基金，解決國際、尤其是發展中國家的金融危機。

他要拉抬中國使它成爲與美國同等的超級強國，主導世界局勢，眞是「膽大妄爲」、「異想天開」(我的評語)。

澳洲在野黨領袖Malcolm Turnbull 罵陸克文，說他世界各處亂跑，說中文，像是中國的「欽差大使」。

令人匪夷所思，陸克文2009年三月底去美國前，在官邸「私會」中共排名第5的政治局常委、負責宣傳工作的李長春，稱是「私會」，不公開見面之事，更不公開談什麼，奇怪耶！但媒體事後揭發，指出中國媒體早就報導了陸李會，並宣稱是中澳外交大事。

陸克文的「私會」李長春，在澳洲掀起軒然大波，反對黨譴責他與專制中國在搞密室外交，有違民主國家領導人應有的作爲。

還有，中國國營能源公司Chinalco正在大量投資280億澳幣購買澳洲第2大礦業公司Rio Tinto股票，要變成最大股東，以控制能源供應。另中國國營的礦業公司Minmetals也要耗資26億澳元購買澳洲的OZ Minerals，以保證未來生產原料的供給。

Chinalco和Minmetals都是100%中國政府官方擁有的

國企。Chinalco的總經理同時是中國國務院的內閣成員。
它們與Rio Tinto和OZ Minerals的完全民營企業立場，格格
不入，一國、一民，利益考量不同，令很多澳洲人深感不
安，認爲澳洲重大資源被專制中國戰略控制，非常不宜，
有違澳洲國家基本利益。

在野黨國防發言人，就明確指出，如此重要戰略資源
的買賣，賣給日本、台灣、南韓等民主國家與賣給專制中
國完全不同，非深思熟慮、愼重不可。

不過，反對之聲雖此起彼伏，音量很大，但陸克文似
乎並沒聽進去，有逕行批准之勢(我認爲)。

屋漏偏逢連夜雨，船遲又遇打頭風。陸克文正要前往
倫敦參加G20推動他的IMF議程之時，他的國防部長Joel
Fitzgibbon被媒體報導，與北京出生、中共高幹女兒、
和中國領導層(包括李鵬)、官商關係良好的雪梨富商Helen
Liu(Haiyan Liu)有不尋常的關係。該女與北京政權的密切關
係是否有不當之處、「紅色間諜」之虞，引起澳洲國安機
構的注意。Fitzgibbon因而被牽連，被調查。經媒體披露
後，引爆另一政治風暴。

澳洲國安機構普遍認爲，在澳洲，中國有數千情報人
員，包括職業學生，在澳洲趴趴走，無孔不入。

這些反自由、反民主的行爲，在澳洲引發很大反彈。
很多人因而反對陸克文的親中政策，認爲對專制中國不能
一廂情願，不能讓中國擁有、控制澳洲戰略資源。

陸克文的親中政策是令人疑慮。但是，也不要低估、

錯估陸克文。他一面親中，其實另一面也反中，反對中國的專制獨裁、迫害人權，認為中國崛起不僅在經濟和軍事，也要接受自由民主人權普世價值。

他也一向稱讚台灣成功的民主化，一再呼籲台灣前途應由台灣人民決定，台灣問題應和平解決。

還有，陸克文雖親中，但也心存「中國威脅」疑慮。他重視和美國的戰略關係，並要與日本、南韓、印尼、印度等民主國家建構戰略夥伴關係。更一再強調、加強澳洲軍備建設，大量購買先進武器，一點也不敢在國防建設上有鬆懈的地方。

澳洲的國防白皮書2009年4月就要出爐。我還沒看到，但我得知的蛛絲馬跡，指向3個戰略方向：

1. 是，不管陸克文多麼努力在發展澳中友好關係，澳洲基本上仍視專制中國為武力威脅，是亞太地區和平穩定的最大變數，潛在敵人。

2. 是，澳洲雖有「最大島國」戰略優勢，但絕對不能稍有戰略鬆懈，一定要維持強大戰備優勢，購買先進武器系統。

3. 是，澳洲需與美國、日本、南韓、印尼、印度等民主國家發展、維持戰略夥伴關係。

美國國防部的中國戰力評估報告最近也出爐，一樣明確指出中國武力威脅，尤其是對台灣的武力威脅不僅存在，力道還在不斷增強。中國針對台灣的兵力部署有40多萬(佔中國兵力的三分之一)，瞄準台灣的飛彈1千多枚，每年還

以100之數增加。即使在目前的經濟大衰退中，中國的國防預算一樣以兩位數字大肆增加，其窮兵黷武的軍國主義本色不僅沒變，還變本加厲。

陸克文和馬英九的中國情結、親中政策，有很多相似地方。不同的是，不像台灣，專制中國對澳洲沒有武力統一問題。

是故，更令人匪夷所思的是：兩人都向中國傾斜，陸克文卻相當現實主義，仍視中國為亞太地區的安全威脅，澳洲很難置身事外，必須維持充分、強大武力確保此地區的權勢平衡；而馬英九中國情結迷心惑智，根本無視中國武力威脅的現實存在，一廂情願要與專制中國妥協、和解，並單邊主義地放棄購買必要的先進武器，不再建立、維持台海權勢平衡必要的軍力，等同投降主義。

澳洲很多人都看得清清楚楚，雖然陸克文如此傾向中國，與胡錦濤、溫家寶稱兄道弟，建立澳中友好關係，但是，中國在澳洲的不友好動作，危害澳洲社會安定、國家安全，有目共睹，澳洲人要不視中國為威脅也難。

中國已在無設防的台灣布建第5縱隊，隨時危害台灣安全，馬英九恐怕都滿頭霧水，莫宰羊。加上百萬台商身家性命都被中國掌握，他們必須聽命於北京，替中國打統戰、拼統一，裡應外合，解放台灣。以此情勢發展，台灣不死得莫名其妙才怪。

行文至此(2009年3月27日)，突然聽到澳洲treasurer(財經部長)Wayne Swan(我34年前教過的學生)宣布，澳洲政府因為

國家安全考量不批准中國的Minmetals購買澳洲的OZ Minerals。跌破不少人的眼鏡。

　　他山之石可以攻錯。馬英九和陸克文都有嚴重的中國情結，但陸克文並沒有因而頭殼壞去，仍緊緊記住澳洲國家利益所在，民主與專制不同，必然矛盾，中國威脅存在，澳洲、美國、日本等民主國家必須戰略聯盟，維持亞太地區的權勢平衡、和平與安定。

　　馬英九有如此深刻認識、認同台灣嗎？我深深懷疑。

(2009.03.29)

淑女遇到土匪——力拓竊密案

民主國家遇到專制政權，就像淑女遇到土匪，眞倒楣，不被強姦，才怪。

最近我有文章，分析專制政治的本質，指出專制中國與納粹德國一樣，都是獨裁國度，政府主導、控制國家資本，高速發展經濟和軍國主義，政治（權力）掛帥，政經不分，缺乏法治(rule of law)，和民主國家的自由市場經濟，南轅北轍，格格不入。

這些國家資本主義、軍國主義的專制政權，必走帝國主義的霸權道路。它們的路越走越窄，要和平演變、自由民主現代化，雖非絕對不可能，卻也很難。

西方很多中國問題專家、政治人物，尤其是新自由主義者(neo-liberalists)，不同意我的上述看法，認爲南韓、台灣、印尼等的「亞洲價值」發展經驗，值得肯定。中國會像它們，由市場經濟導致自由民主化，可以期待，應與其接觸、對話，發展多元經政關係。

澳洲總理陸克文，是一位複雜的新自由主義（堅信自由民主人權）卻又新現實主義（了解權勢政治power politics）的政治人物。

這些年來，我曾和陸克文深入交談多次，他一再向我強調的論述，就是他雖堅信自由民主人權，不認同中國的

人權記錄、專制政治，卻也相信「亞洲價值」發展模式可以運用在共產中國，讓其和平演變。

我一生研究亞洲民主化，不相信「亞洲價值」論。因而和陸克文常有尖銳對話，他不能說服我，我也不能說服他。

這次澳洲礦業集團力拓(Rio Tinto)上海辦事處負責人胡士泰(Stern Hu)等4名員工，遭中國以涉嫌間諜活動和竊取國家機密，逮捕拘留，掀起政治風暴，震撼不僅全澳洲，還全世界。

澳洲政壇、經濟、工商、媒體各界一片譁然，雞飛狗跳。陸克文被罵得臭頭，無疑地，陸克文這次踢到了專制中國的鐵板，搞得灰頭土臉，難看極了。

反對黨領袖Malcolm Turnbull大聲呼籲，要陸克文打電話給胡錦濤(講中文?)，請胡錦濤放人。陸克文不能、也不敢。他心知肚明，打也沒用。整個事件是胡錦濤導演的，他不會接陸克文的電話。

2009年7月5日，胡士泰(澳洲國民)等，遭中國逮捕拘留。2天後，中國才通知澳洲。澳洲外長Stephen Smith雖馬上要求中國供給相關細節，中國相應不理。Smith只能低聲抱怨，對他只能經由網站取得有關資料，表示不滿。

6天後，澳洲駐上海領事館人員才被允許探視胡士泰。

7月9日，中國外交部發言人秦剛證實，包括其首席代表胡士泰在內的澳大利亞力拓集團上海辦事處的4名員

工，因涉嫌為境外竊取、刺探中國國家機密，於7月5日夜晚被中國國安機關依法拘留。秦剛表示，此案尚在審查中，中方希望有關方面積極配合，中國司法部門也將依法處理此事。

秦剛表示，中國有關部門是在掌握了大量確鑿證據，證明胡士泰等人為境外刺探竊取中國的國家機密，給中國的經濟利益和經濟安全造成了嚴重危害的情況下，才依法對他們採取了相關法律行動。

此舉讓中、澳兩國關係變得緊張，和胡士泰過往甚密的中國首鋼國際貿易工程公司總經理助理、礦業進出口公司總經理譚以新，還有一些鋼鐵企業的負責人亦因涉及商業犯罪遭到逮捕。

中國官方《新華社》引述報導指出，事情發生於2009年中外進出口鐵礦石談判期間，力拓員工收買中方人員刺探機密造成中方重大損失。報導說，胡士泰等4人，採取不正當手段，通過拉攏收買中國鋼鐵生產單位內部人員，刺探竊取了中國國家秘密，對中國國家經濟安全和利益造成重大損害。

上海市國家安全局、中國外交部都證實，胡士泰等人被捕。中方表示，力拓礦業集團遭羈押的員工涉入一起傷害中國經濟利益的案件，此案擾亂了貨幣市場，並為中澳關係製造了問題。

澳洲外長Smith，隨後向《澳洲廣播公司》(ABC)，低調表示他對中國拘留的理由感到困惑，「我們針對中國拘

留的根據，正在要求更多的資訊。」

　　澳洲反對黨領袖Malcolm Turnbull則表示，「我們已向中國大使館提出質疑，這件事真的令人擔心，讓人完全無法接受。」

　　7月9日，Smith召見中國駐澳洲代理大使，要求中國供應有關胡士泰被捕的細節。中國沒有答應。

　　Smith還表示，「澳洲很難了解，日常商業來往與經貿談判與國家安全問題有何牽連。」他說，中國的商業間諜活動的定義比別的國家要廣泛很多。

　　到7月11日為止，澳洲低調因應，明顯無效，中國相應不理。

　　7月12日，澳洲金融服務部長Chris Bowen警告，中國扣押力拓礦業公司高層事件，將影響中國與外商的關係。

　　他告訴澳洲電台，中國政府官員必須意識到，這項舉措必然對中國商業無益，如今外國企業投資中國前，都會三思。

　　他說：「在中國工作的澳洲人及其他外商現在人人自危。」

　　Bowen指出，中國政府也應該留意到，如果外商感覺中國的不確定性太高，這將會改變海外投資者到中國從商及派駐代表的方式。

　　7月13日，胡士泰等遭中國拘留進入第2週，國際商界都在密切關注此事的後續發展，澳洲政府開始表態譴責中國。外長Smith強調，「中國拘留力拓集團4名員工，將冒

上傷害外國企業對中國商業環境信心的風險，這個事件應當迅速處理。」

Smith表示，他過去必須倚賴網站才能得知有關胡士泰的消息，澳洲政府官員將對中國駐坎培拉官員以及北京政府施壓，以取得更多相關資訊。澳洲表示，外交部透過媒體得知中國對胡的指控，中國政府隨後才知會澳洲政府。

Smith強調，「我寧願這件事是中國透過外交方式傳達給我們，此事必須被盡速處理。」胡士泰遭拘禁後，澳洲官員7月11日首度和他碰面，Smith表示，「在此事解決前，胡士泰可能必須長期抗戰。」

Smith還說，「中國必須想清楚，拘留代表的含意，如果它有任何含意，必然是國際商界和國際投資界對中國的負面看法，我可以確定的是，過去一週沒有一家澳洲公司不在注意此事發展。」

同時，澳洲外交部再度召見中國駐澳洲代理大使，要求中國公布胡士泰遭拘留詳情。一樣沒有得到正面回應。

澳洲國內也呼聲四起，要求陸克文介入，與胡錦濤直接通話，討論此案。

澳洲政府並警告中國當局，此案可能危及國際企業對中國的信心，這將改變外國企業接觸中國企業的方式，甚至促使外國企業不願讓高級主管進駐中國。

同一天，澳洲媒體報導，這次調查力拓竊密案，獲得胡錦濤點頭支持。

7月14日，中國外交部發言人秦剛反駁媒體報導，說中國主席胡錦濤沒有親自下令逮捕胡士泰。

同一天，陸克文終於講了重話。他強調，「澳洲國家利益高於一切，也即澳洲公民(胡士泰)的安危，屬此國家利益。」他明確表示，胡士泰的基本人權的保障，比與中國的經貿關係還重要。

7月15日，陸克文再發言，認為中國處理胡案，以國家權力干涉力拓與中國礦業公司的商業關係，世界各國的政府和公司對此都在關切，對外國與中國的經貿關係將會造成嚴重後果。

英文的《中國日報》(*China Daily*)，15日也大篇幅報導，指出，在鐵礦價格談判中，胡士泰對16家中國購買力拓礦產的公司負責人行賄，取得中國國家機密的商業信息，傷害中國的國家利益，因而被捕。

7月16日，美國商業部長Gary Locke正在北京與中國對談；他說，跨國公司在中國要有保證和信心，它們的員工在中國要得到公平的對待。他還說，在與溫家寶總理的會談中，他會提起澳洲經理胡士泰被捕事件。

同一天，中國外交部發言人秦剛，再度強烈警告澳洲和其他國家，不要干涉中國的獨立司法主權。他也警告外國公司，在中國一定要遵守中國法律。

另外，力拓開始撤離該公司派駐中國員工。

至此，這場國際權勢政治鬧劇，歹戲拖棚，還是一場羅生門。中國說得像是007的間諜劇，其實稍微了解中國

專制政治的人都知道，把胡士泰當間諜抓，是項莊舞劍志在沛公。胡士泰是倒楣的稻草人(straw man)，抓他是手段，真正目標是政治(權力)掛帥，政府動用專制權勢機器干預國際自由市場的商業行為，以達到經濟、甚至政治利益。

據中國媒體報導，力拓公司從6月中旬開始，曾向中國鋼鐵業提出了金額高達90億美元的索賠。一般判斷，力拓之所以選擇這一時間點出擊，因為6月30日是傳統鐵礦石談判的最後期限。按照慣例，如果6月30日後還無法達成協議，部分長期合約將失效。

力拓宣稱在長達8個月的時間內，由於中國鋼企推遲出貨、甚至取消船隻，導致其鐵礦石業務共計損失50億美元；涉及租船費用和海運差價方面，則另需補償40億美元損失。

還有，在這次的鐵礦石價格談判中，日本、南韓、台灣和力拓已達成33%的降價協議，中國卻獅子開口要求40%的減價協定。力拓拒絕，中國當然不悅。

此外，不久前中國鋁業公司(Chinalco)出鉅資購買力拓股份，要入主力拓，澳洲政府遲不批准，最後力拓也認為該購股案不符合其利益，而取消。中國對此戰略資源的爭取不成，當然也懷恨在心。

他們懷恨力拓，大概也對陸克文遲不批准不滿。

至於中國聲稱，2009年以來，在中外進出口鐵礦石談判期間，胡士泰及該辦事處人員劉才魁等4人，採取不正當手段，通過拉攏收買中國鋼鐵生產單位內部人員，刺探

竊取了中國國家秘密，對中國國家經濟安全和利益造成重大損害。明眼人一看就知，是欲加之罪何患無辭。

胡士泰在中國要與16家鋼鐵公司做生意，談判價錢，當然會來往密切、禮尚往來，甚至送禮(當然是大禮)，請客吃飯，都是中國常情。如是龐大(百億美元商機)生意談判，胡士泰當然要收集很多經貿情資，這些情資很多來自16家對手，也屬必然。

力拓集團員工遭中國拘留，凸顯中國晦暗不明的法律，與其商業利益緊密相扣。

眾所皆知，中國商業資訊和國家機密間界線並不明確，這讓當局可以肆無忌憚地決定要起訴誰就起訴誰，因為很多經濟資料都被視作國家機密。

中國目前使用的國家保密法，是20年前擬定的，涵蓋範圍極廣。這部法律不僅適用於軍事消息，甚至連天氣預報、電話號碼及其他類別的訊息都納入國家機密。儘管受人權團體批評，中國還是經常引用這部法律，對不利該國商業利益的行為進行懲罰。

所以，為了對力拓、甚至澳洲政府下壓力，抓個胡士泰，輕而易舉，真的欲加之罪何患無辭。

至於有評論家論及胡錦濤最近對陸克文可能不滿，如澳洲國防白皮書指定中國武力崛起為戰略威脅，及陸克文一再批評中國的人權記錄、並接見達賴喇嘛等，故採取讓陸克文難堪的動作，雖有可能，但非本文論述重點，先不作詳細評論。

在民主國家中，目前對專制中國最傾斜、最親向北京政權的領導人，還不是澳洲的陸克文，而是民主台灣的馬英九，陸克文只能名列第2，很遠的第2。

中國對陸克文、澳洲商人，都敢如是蠻橫對待，馬英九和台商在中國，有何能耐、本錢可以不讓中共政權、中國商家、官商一體的制度玩弄於股掌之上，任人作弄、宰殺？

力拓是世界最大礦業公司之一，中國非常需要力拓生產的鐵礦石。既有國際法的保護，又有陸克文的澳洲政府在做後盾，力拓的經理都被如是屈辱對待。台商在中國，拿的是「呆(台)胞證」，根本沒有「台灣」國家的主權保護，只能完全落入專制中國「無髮無天」(老毛的話)、政治掛帥的魔掌裡，叫天天不應、叫地地不靈，被抓、被殺，任人擺佈。台商在中國要馬英九保護，比登天還難。

陸克文在國際政治舞台上，是可以和美國的Obama，法國的Sarkozy、德國的Merkel、英國的Brown平起平坐的領袖人物，馬英九算老幾？陸克文都被天安門、西藏、新疆屠夫胡錦濤搞得灰頭土臉，馬英九真的不自量力，要和胡錦濤玩權勢遊戲，不要笑死人了。

其實大家都知道，馬英九對胡錦濤連說「ROC」都不敢，中國官員(小咖)去台灣國旗都不敢掛，「總統」稱呼都不敢用，國家主權擺在見人不得的陰溝裡，除了舉雙手投降外，他能為民主台灣(ROC)爭取到國家獨立存在、主權尊嚴？那太陽會從西邊升上來。

　　台灣人不要當呆胞了，把希望寄托在「馬的」身上，不是找死是什麼？

(2009.07.19)

人家揚威國際，
我們關起門來打狗

2009年9月召開的UN大會，特別熱鬧，特別吸引人注目。因爲2009年世界金融大危機、經濟大衰退，需要各國全力合作因應，重整世界經濟秩序。

更引人興趣的是，歐巴馬年初上台，轉變美國外交政策，由前總統布希的單邊主義(unilateralism)忽視UN，到歐巴馬的多邊主義(multilateralism)重視UN，變很大。歐巴馬不僅在UN大會發表重要演講，還是美國總統第一次主持安理會會議，討論解除核武等重大國際政治議題，令人耳目一新，大家都聚精會神看他演出。

還有，UN大戲一完，歐巴馬就帶領其他19位國家領袖移師匹茲堡召開G20大會，討論全球經濟危機、建構國際經濟新秩序。

我們關心國際政治的人當然注意歐巴馬、胡錦濤、新上台的日本首相鳩山由紀夫等人的一言一行。我則特別注意澳洲總理陸克文，因爲最近花了很多時間研究、分析他的政治性格、言論、作爲，並把他與台灣的馬英九比較論述，寫了不少文章。

我的結論是：都爲最高層次的政治人物，但陸克文表

現亮麗，把中等國力的澳洲領導人的座位坐大，有政治家的風範。馬英九表現差勁，把一樣中等國力台灣的總統座位坐小，是一個令人失望的政客。

有朋友說，我把陸克文捧為政治家，太早、太超過了。我想想，也對，陸克文還需要經過更多的火煉，現在如是歷史論定還太早一點。不過，我的基本論述，陸是政治家，馬是政客，目前站得住。

這些日子，陸克文在紐約聯大、匹茲堡G20的亮麗表現，言行都驗證我以前的說法。

同樣中等國力國家，在不同的領導人領導下，命運非常不同。陸克文在UN穿梭於各國領袖之間，運作自如，大領風騷，一舉一動都引人注目。他在紐約國際關係協會 (Council on Foreign Relations)的主題演講，美國前國務卿季辛吉都在場細心聆聽。

在G20會議上，陸克文更與歐巴馬相互呼應，當起G20取代G7和G8的主力推手，一樣運作自如，出盡鋒頭。G20不僅將是全球新經濟的主導國際機構，其功能也將延伸到氣候變化、甚至解除核武、中東危機等國際安全戰略領域。在一定層次上，作用可能超越UN，將權勢主導國際政治。

澳洲媒體大肆報導，醒目的頭版標題是：陸克文領導澳洲成為「世界強權」(world power)。雖太誇張一點，但也有其真實面向。已有人預測，陸克文將是下一任UN秘書長人選。這還言之過早，但陸克文把澳洲國際地位提升，

把總理位子坐大，則毋庸置疑。

反看馬英九，被關閉在國內，一步大門都走不出去，被中國看管得緊緊，比當香港特首還窩囊，眞是越看越讓人洩氣。

他中斷16年來台灣入聯活動，結果台灣馬上從國際社會消聲匿跡。據台灣官方內部統計，2009年國際媒體有關台灣入聯的報導僅29篇，另有兩篇投書，創歷史新低！

對照前年民進黨政府推動台灣入聯，同期國際媒體有關報導，多達2277篇，今昔台灣國際發聲，可謂天差地別。

還有，這次聯大會議，快要被海水淹沒的小國(有的人口不到一萬)，都在大會上激昂慷慨發言，爲他們的國家請命，令人動容。反看無聲無息的台灣，沒人說一句公道話，眞是情何以堪。

馬英九關起門來打狗，以司法政治迫害阿扁，中途違法換法官判扁重刑，法官是做給馬英九看的，馬英九則是做給北京看，但讓民主國家看傻了眼，不知司法公正、程序正義何在？

馬英九的老師孔傑榮(Jerome Cohen)都打抱不平，認爲太超過。他說，扁若保證絕不逃亡，法官應同意解除羈押，讓扁好好準備爲己辯護。孔傑榮說，被關應訴等於綁手格鬥，是很困難的。

還有，高雄電影節要放影維吾爾人權領袖熱比婭的「10個愛的條件」。北京施壓，以政逼商，不讓中國旅客

去高雄旅遊。馬英九政府不僅不維護台灣的言論自由，爲高雄講句公道話，還由閣揆吳敦義大發謬論，替中國黑白講。

吳敦義說：「這是人跟人相處啊！你希望我多到你那裡購物，你卻作出讓我不舒服的事，那我就不會到你那裡購物。」他把維護國家主權、言論自由與「客人都是對」的鄉愿商業行爲等同看之，眞是奴隸心態病入膏肓。有這樣低智、低能的閣揆，台灣哪有前途！

雖然中國向澳洲大量買能源、礦產，沒有中國的買單，澳洲經濟一定大衰退，連陸克文都一再承認澳洲2009沒有陷入經濟衰退(recession)，完全托中國之福。但是，人家陸克文還是硬頸公開宣佈，熱比婭不是恐怖份子，她的世界維吾爾大會不是恐怖組織。他不僅給熱比婭簽證，還說，「只有我可以決定讓誰、不讓誰訪問澳洲，他國(中國)無權置喙。」

熱比婭受邀訪台，中國嗆聲恫嚇，馬英九被嚇破膽，竟以熱比婭與恐怖組織有密切關係、危害國家利益、公共安全等理由，宣布禁止她入境。馬英九說，熱比婭是政治人物，她來台與疆獨有關，她的世維大會與東突恐怖組織有密切關聯，世維大會秘書長多里坤‧艾沙(Dolkun Isa)也是國際刑警組織通令的恐怖分子。

世維大會不但不在美國認定的40多個國際恐怖組織名單上，還獲美國民主基金會的支持。熱比婭一向反對暴力，主張和平解決新疆種族問題，曾被多次提名諾貝爾和

平獎。世維秘書長多里坤·艾沙是德國公民，拿有德國護
照，不是恐怖分子。馬英九政府亂扣帽子，真不像拿國際
法博士的國家領導人，倒真像專制中國的應聲虫、兒皇
帝。

美國給熱比婭綠卡及國際難民身分，日本、澳洲、歐
盟等民主國家也都接受她到訪，因此，馬此次決策引爆各
方批判，為討好中國，竟踐踏民主自由與人權，讓台灣形
象掃地。網路上一片痛罵，直指「馬症腐──再次丟臉丟
到國際！」

孔傑榮一樣看不下去，他在華府表示，台灣可以以其
他任何理由拒絕熱比婭入境，但不能拿恐怖主義做為理
由。孔傑榮說，指控熱比婭是恐怖分子，或與恐怖組織有
關，是「很荒謬的」。因為如果這是問題，最先感受到恐
怖威脅的應該是美國，因為她就住在華盛頓。

多年來與台灣差不多同等國力的中級國家（middle
powers），南韓、印度、印尼、澳洲、巴西、阿根廷、墨西
哥、沙烏地阿拉伯、土耳其、南非等都成為領導世界的
G20會員國了，台灣還UN的門都進不去，低聲下氣要當
中國的特區，真是太窩囊、太沒志氣了吧！

台灣內部分崩離析，國不成國。在外，一樣國不成
國，人家南韓、印尼、澳洲等國揚威國際，我們的中國兒
皇帝關起門來打狗，兩個情景有天壤之別，人家的亮麗好
看，我們的慘不忍睹。

(2009.10.04)

一山難容兩虎、美中關係惡化

2009年11月美國總統歐巴馬首度訪問中國，去前不見達賴喇嘛，在北京不公開提人權(劉曉波)、西藏、TRA等敏感問題，被認為很像台灣的馬英九，忍氣吞聲，向中國妥協、討好，吃相難看，台灣的藍營按讚，綠營臭罵。

我看法不同，認為歷史宏觀地看，歐巴馬並沒有實質妥協、討好專制中國(《玉山週報》，32期，2010.01.14-20)。我的主要理由是民主美國和專制中國有根本價值系統不同的「文明衝突」，更有現實主義權勢政治不可避免的矛盾，雖非死敵、非戰個你死我活不可，卻也敵對、非鬥個你輸我贏才善罷甘休。

2009年12月，一波未平另一波又起，發表《08憲章》的劉曉波被判11年徒刑，人權律師高智晟「失蹤」，歐巴馬在哥本哈根氣候變遷高峰會上被溫家寶耍了好幾招，在北韓和伊朗核武問題上中國也大打太極拳，都讓歐巴馬灰頭土臉。中國還國家主導駭客侵入Google、美國政府機構，竊取機密情資，也讓美國人跳腳。

2010年1月，歐巴馬終於硬起來，批准台灣64億美元的軍購案，2月18日在白宮接見達賴，讓中國氣結，大罵美國，並口出狂言，要強力反擊，揚言制裁美國公司、撤

銷國際議題合作、中斷與美國軍事交流，還威脅歐洲公司不要藉機售武給台灣。

美中關係似乎急速冷卻，國際媒體甚至以「新冷戰」來形容這一波美中交惡的狀態。

澳洲大報《澳洲人》報(The Australian)報導，中國政府和人民都大聲叫囂，要與美國「眼對眼」(eye to eye)頑強對抗。有人怒言，「北韓都不怕美國，我們怕什麼！」

1989年東歐共產主義崩潰後，鄧小平就說過，舊冷戰結束了，新冷戰就要開始。2010年中國全國大喊「美中新冷戰開始了」。

英國的《金融時報》(Financial Times)先發表專文，抨擊中國的高調抗議美國對台軍售。

之後，《經濟學人》(The Economist)發表專論《Facing up to China》(面對中國)，指出：「增強台灣的嚇阻能力是為了和平之利，中國繼續以數百枚(1千多枚)飛彈威脅台灣，因此，美國總統歐巴馬應繼續軍售台灣，同時歐洲政府也應支持他。」

「Face up to China」翻成「面對中國」並不恰當，它有「Stand up to China」(硬起來對付中國)的意思。

《經濟學人》主張，歐洲國家應支持歐巴馬軍售台灣，一旦包括波音等公司因政治因素遭到中國制裁，不應讓歐洲公司趁機替代。

該評論說，中國此次的強烈反應透露出3股暗潮：1.是其對台灣政策的失敗，因為台灣多數人都想在和中國加

強經濟合作的同時，維持實質上的獨立，對和平統一興趣缺缺；2.是中國越來越專斷，不能容忍受到輕視，希望世界聽到他們的聲音；3.是隨著西方的衰弱，許多中國人現在覺得沒有必要向西方學習，還認為「北京共識」(Beijing consensus)的威權決策模式勝過民主的猶豫不決的決策程序。

評論呼籲，「美國必須更加堅定」，強硬因應中國的狂妄挑釁。

《華盛頓郵報》則呼籲，「是歐巴馬政府刺破北京氣泡(牛皮)的時候了」(It's time for the Obama administration to burst Beijing's bubble)。文章直截了當說，歐巴馬上台1年儘量討好中國，適得其反，中國自認是可與美國比美、比強的G2強國(global power)之1，對美國硬的要更硬，一步不讓，得寸進尺，吃定美國。

北京大聲喊叫，就是要下馬威，逼迫歐巴馬在美國堅持多年的政策和原則上退讓(forcing the administration to back away from policies and principles the United States has defended for decades)。

評論呼籲，歐巴馬應繼續賣武器給台灣，強力支持西藏人權，在伊朗核武問題上讓中國面對國際孤立，並刺破北京日益膨脹的野心氣泡(Obama to prick the bubble of inflated ambition that has been growing in Beijing)。

《印度時報》則說，中國與美國近期的交惡是一場高風險的對抗遊戲，不僅說明歐巴馬上任初期兩國關係的和緩，已經出現變局，中國持續的經濟高速成長，更讓他們

不必要順從美國。該報預言兩國關係有趨向新冷戰的危險。

日本的《產經新聞》，則將對台軍售、伊朗核武問題、會見達賴、Google事件與人民幣升值，稱爲美中之間的「5大戰線」，該報分析認爲，美中關係共存共榮的根基業已消滅，衝突恐將日漸升高。

德國《每日鏡報》(Der Tagesspiegel)則以「舊衝突，新爭吵」爲題，不僅認同《產經新聞》的「5大戰線」說法，還說這些問題將是兩國「永遠的要害」，該報甚至明白表示，其實兩國之間根本從來沒有「相愛」過。

《紐約時報》的社論直截了當說，中國一系列強硬反美動作沒什麼道理，歐巴馬迫使北京言行負責任的作法，是正確的。(President Obama is right to press Beijing to behave more responsibly。)

世界各國主要媒體看法類似，都認爲美中關係正在惡化，隨著中國國力的日益壯大，矛盾衝突也必然日益增強。這和我的「文明衝突」論看法一致。

《華盛頓郵報》專欄作家Robert J. Samuelson，發表評論「《The danger behind China's "me first" worldview》(中國「我第一」世界觀背後的危險)，認爲中國就是要「我第一」，當老大。問題是，美國已經當「第一」、老大70多年了。歐巴馬最近發表國是演講，宣稱，美國還要當老大很多年，不容他國(中國)挑戰。

兩個大國G2都要當「第一」、當老大，一山難容兩

虎，不爭、不打才怪。

民主美國與專制中國有致命性的文明衝突，除非中國民主化(目前看不到)，從現實主義角度來看，美中兩雄權勢爭霸無法避免。從自由主義角度來看，自由民主與專制獨裁的價值矛盾，一樣勢不兩立，致命性衝突很難避免。

兩次世界大戰及之後的美蘇兩極冷戰(熱戰)，都是此文明衝突的結果。之前歐洲英、法、德、意等國之間的百年戰事，也是專制國度之間無法避免的不斷衝突。

今天歐洲諸強都已鞏固民主化，之間並無文明衝突，故無戰爭，並有歐盟區域整合的耀眼成就。

在美中兩強文明衝突之間，民主台灣應站在世界歷史對的一邊，與民主美國(日本、歐盟、印度等)為盟，與專制中國為敵，價值立場應清清楚楚。台灣總統馬英九卻拼命往中國傾斜，要納入專制中國文明(甚至政治)體系，站在歷史錯誤的一邊。其心被腐朽的大中華民族主義蒙蔽，出賣民主台灣之居心叵測，絕對令自由的台灣人無法接受。

(2010.02.16)

民主腦殘、蘇起黑白講

　　馬英九首席外交及國安智囊、前國安會秘書長蘇起，發表論述(《聯合報》，2010.07.28)《台灣的大三角與小三角》，大肆為馬英九的「兩岸和解」及「活路外交」吹噓，「自我感覺良好」到了荒誕不經的境界，令人實在看不下去。

　　蘇起呼應馬英九的「自我感覺良好」說法，宣稱，阿扁推動台獨，製造麻煩，讓美、中、台三角關係緊張，中國文攻武嚇，美國心煩，頭痛、不快。

　　他稱讚馬英九一上台推動「不統、不獨、不武」政策成功，台、中、美大三角關係和解、和平，情勢六十年來最好。

　　他說，過去、現在及可見的將來，台灣的命運都是被一個大三角關係與一個小三角關係所制約。「大三角」指的是美國、中國、台灣之間的關係。「小三角」指的是中國國民黨、民進黨、中國共產黨之間的關係。過去幾十年，這兩個三角關係經常處在高度不穩定的、甚至是衝突的狀態。但最近兩年，大三角關係已經穩定下來，只剩小三角關係仍在不時激盪。

　　他指責，陳前總統執政八年間，這個大三角關係陷入

有史以來對台灣最惡劣的階段。連最重要的盟友美國都對台灣憤怒、警告、疏遠。他宣稱，兩年前馬總統立足於「不統、不獨、不武」的大政方針，採行「兩岸和解」及「活路外交」，終於把大三角關係的性質做根本的改善。

這個「大三角關係性質根本改善」說詞，根本自我吹噓，黑白講，不符合現實。君不見，就在這些日子，美國和南韓在日本海舉行三天規模龐大的軍事演習，先進戰機(F-22 Raptor fighters)、戰艦(由核力航空母艦George Washington領軍)、飛彈盡出，聲勢浩大。

2010年底前，美國還要和日本、南韓、新加坡、印尼、澳洲等20幾個盟邦，在黃海舉行有史以來最大的一系列聯合軍演，聲勢將更為壯大。

表面上說的是要嚇阻核武揚威的北韓，實際上，從華府、東京、漢城、新加坡、河內、莫斯科、坎培拉到北京，大家都心照不宣，知道這些美國領頭的龐大火力軍演，項莊舞劍志在沛公，這個沛公當然是正在武力崛起、窮兵黷武的專制中國。

是故，引起北京強烈反彈。就在美韓軍演第3天(2010.07.27)，展開大規模反潛艦演習之際，中國中央電視台報導，解放軍南京軍區砲兵部隊在黃海附近進行大規模實兵實彈演習，並且還首次進行遠程火箭砲大規模火力打擊演練。

中央電視台披露，南京軍區炮兵部隊7月25日在黃海附近，舉行大規模遠程火箭砲打擊演習，為解放軍首見。

演習時間正巧是美韓軍演的第一天，帶有濃厚的警告意味；軍事專家指出，使用火箭砲雖不能對美國航母打擊群構成直接威脅，卻能使美方有所顧忌，避免日後進入中國的近海。

報導稱，參演的中國自製新型遠程火箭砲，是解放軍遠程火力體系的重要組成部分，演習對資訊化的遠程砲兵火力打擊能力，進行全面檢驗。

香港《明報》指出，7月26日晚上，在瀕臨黃海的解放軍北海艦隊總部所在地青島，市民目睹數百架戰機呼嘯飛過上空，時間長達40分鐘。

《明報》說，這種大規模的軍機調動，若不是大規模軍演的前兆，就是對內對外的強烈示警。專家也認為，美韓此次軍演雖未跨越黃海，但動用龐大的空中與海上戰鬥群，令動盪的朝鮮半島局勢更加緊張，兩國未來在黃海海域的軍事角力終將無可避免。

同時，針對美國挑戰中國對南中國海的主權宣稱，中國海軍也在南海舉行大規模海上聯合實彈演習，三大艦隊部分主力砲聲隆隆，多種飛彈騰空而起。

《解放軍報》(2010.07.27)披露，由南海艦隊組織的海軍多兵種合同實兵實彈演練，7月26日在某海域舉行，總參謀長陳炳德親臨現場觀摩，海軍司令員吳勝利全程陪同。陳炳德強調，「要高度關注形勢任務發展變化，紮實做好軍事鬥爭準備。」

美、中的南海爭執迅速加熱始於2010年3月，中國高

官向美方表示南海是中國的「核心利益」，之後引起中美雙方外交較勁。

美國務卿希拉蕊7月底在越南河內召開的東協(ASEAN)外長會議上強烈表示，維護南海航行自由的重要性和緊迫性，是美國的國家利益。中國外長楊潔箎則大聲反對美國將南海問題國際化。

中國解放軍更是強硬宣示，中國擁有南海的「不可爭議的主權」(undisputable sovereignty)。(*Washington Post*, 2010.07.31)

評論家司馬文武(《蘋果日報》，2010.07.27)認為，從美韓聯合演習，吵到南海問題，美中角力的跡象日趨尖銳。他說，中國一直堅持完全擁有南海主權，反對任何力量介入南海，不久前更把南海列為中國的核心利益，這對東協和越南是極大刺激。

中國《新華社》(2010.07.27)發表國際時評，針對希拉蕊稱南海領土爭議攸關美國國家利益，說這顯示了外來勢力介入南海問題的興趣，中國要警惕外來勢力插手南海，不能讓南海變成某些外來勢力謀略的「水上棋盤」。

近年來，美國大力拉攏越南，在政治上鼓勵越南改革，以凸顯中國的保守，在戰略上支持南海爭議的國際化，這符合東協利益，卻讓北京跳腳。

《中國時報》(2010.07.30)也報導，中國三大艦隊南海實彈演習是在向美國舞劍。

統派報紙《旺報》(2010.07.28)報導，中美較勁，亞太地區正進入新的戰略不穩定時代。近日南海爭端重上檯面，

中美之間摩擦藉由相互放話更見激化;港媒直指軍事霸權是美國「圍堵中國的最後防線」,美國正在南海製造對華敵意。

該報說,美國正由南北兩方向「圍堵中國」,並引中國退役將領彭光謙的話,說美國要找一個足夠大的敵人當假想敵,中國完全符合它的目標;他贊同美國正在「圍堵中國」的判斷。

該報又指出,中國與北韓,這兩個「血盟」關係的夥伴,分別以具體行動及聲明,向美韓聯合軍演嗆聲。

並引述美國保守派媒體說法,該報結論:「美國渴望建立全亞洲—太平洋軍事聯盟以此來遏制中國,方法與二戰結束後建立北約組織(NATO)來遏制蘇聯如出一轍,只是為築起一條圍繞中國的長城。」

香港媒體《東方日報》則說,歐巴馬的戰略重心確有圍堵中國之圖;他早先宣布要當「太平洋總統」,沒有吹牛。

環看美、日、澳各國媒體,說法大致一樣,都認為美國和中國的亞太、世界霸權主義的權勢之爭,已在東北、東南亞地區展開,火勢越來越大、越猛。

其實,多年來我已一再論述,美中兩大強國在現實主義的國際政治中,因其自由民主與專制獨裁價值、文明系統充塞矛盾,爭取區域、世界霸權,導致權勢衝突、甚至武力交戰,雖非必然,卻很難避免。

除非中國自由民主現代化,專制中國武力越崛起,必

然窮兵黷武，一定越會威脅、挑戰民主美國的核心利益，越會刺激、提高兩國的緊張關係。一山難容兩虎，何況美中兩虎DNA不僅不同，還存在必然敵對、相互殘殺的基因。

兩國之間的經濟利益、戰略地位與領域之爭奪，當然是國家核心利益所在；但是，自由民主與專制獨裁之間的人道主義之爭，則更有其根本原則、必然性。此文明衝突根源不除，兩國你死我活的敵我矛盾，絕對無法化解、根除。這是現實主義國際關係的ABC。

是故，美國對阿扁的推動台獨雖有時感到麻煩，但對馬英九的「一中」統一政策並不認同，還應深感疑慮。民主台灣被專制中國統一，絕對不符合美國的核心利益。對美國來講，「台灣是不沈的航空母艦」的戰略價值，從六十年前的韓戰到今天的黃海、南海美中權勢爭鬥，不僅沒減，恐怕還在增加。

至於蘇起的小三角關係，根本問題一樣。馬英九上台後的大肆向中國傾斜，呼應中國的「一中」政策。「不統」是假，「不獨」是真，「不武」是投降主義。製造的台中關係「六十年來最好」，表面上看起來好像有那麼一回事，但實質上是出賣台灣的國家核心利益、自由民主人權和國家主權，換來的假象，攏係假ㄟ。

馬英九政權和統派媒體居心叵測，蓄意製造欺騙台灣人民的和平假象。馬英九舉雙手投降，要把民主台灣送給專制中國，台灣海峽當然一片祥和寧靜。

　　國共兩黨一家親，反獨、賣台，與堅持台灣國家主權獨立的民進黨、台灣人民作對，當然成仇、成敵，成為敵我矛盾。如是發展，小三角關係當然惡化，民進黨與中國國民黨和中國共產黨當然翻臉、決裂。

　　兩岸簽署ECFA後，胡錦濤接見吳伯雄時強調，希望在「反台獨、92共識(一中原則)的政治基礎」上盡快落實ECFA。胡錦濤的國家政治核心利益浮現，明顯政治掛帥，主導ECFA的經濟關係。

　　還有，馬英九選前、選後一再提起的飛彈撤除問題，中國非但未撤除，還持續增加部署，由阿扁上台時的200顆到馬英九時代的1900多顆。

　　中國國防部發言人耿雁生(2010.07.30)刻意在一場公開記者會上表示，對台撤彈困難不大，主要是堅持一個中國，在一個中國前提下，兩岸都是一家人，撤導彈和軍事部署都可以在軍事互信基礎下討論。

　　話講得再明白不過。中國的國家核心利益就是大一統，就是大中國主義的民族壯大、偉大，絕不是中國、更不是台灣人民的自由民主人權。

　　ECFA的經濟讓利只是釣統一台灣的大魚的魚餌。只有政治IQ不足的馬英九、吳伯雄、蘇起之輩，會把它當國家核心利益看待，會為它出賣台灣真正的國家利益、國家主權、人民的自由民主人權。

　　有這樣政治腦殘的馬英九當台灣總統，台灣一定沒有光明前途。2300萬台灣人民眼睛如果不雪亮，不看清楚，

不毅然決然在2011年底5都、2012年總統選舉中終結馬英
九政權，台灣人、子子孫孫當奴隸、下地獄的日子必然來
臨。這絕不是無的放矢、危言聳聽。

(2010.08.03)

國比國氣死人——南韓和台灣

　　很多台灣人和韓國人都想把台灣和南韓建設成亞洲的瑞士。那是理想主義，現實上窒礙難行，因為台灣有惡鄰專制中國，窮兵黷武，虎視眈眈，要吞滅台灣，南韓有惡鄰個人獨裁的北韓，一樣窮兵黷武、虎視眈眈，要侵略南韓。

　　台灣和南韓曾是帝國中國的附庸、軍國日本的殖民地，都受中日兩國文化的影響。兩國戰後的經濟自由化、政治民主化的發展模式、經驗、成就，受美國的武力保護、經濟、文化、政治影響，也滿類似。都為亞洲4小龍，在經濟和政治上都有耀人的表現，被稱讚為「亞洲價值」的發展典範。

　　戰後廢墟中，兩國歷經國共內戰、韓戰的洗禮，百廢待興，經濟起步點大約相同。1960-70年代兩國經濟起飛，一樣台灣和南韓如影相隨，一步一步跟隨挺進。

　　1980-90年代，兩國民主化成功起步，經濟也突飛猛進，但21世紀啟始，南韓開始更上一層樓，超越台灣，雙方差距拉大，南韓全球化直追西歐諸國，台灣中國化卻越來越落後。

　　1969年，台灣的GDP(Nominal)約300億美元，南韓約740

億。2009年台灣的GDP約3700億，南韓則超過9200億。2009台灣是世界第25大經濟國，南韓則是第15大。40年來，台灣的經濟發展雖也亮麗，但比起南韓還是略遜一籌。

GDP per capita 來看，1969年南韓全球排名第80，1989年第43名，1999年第39名，2009年進步到第27名。

和台灣比，因南韓人口比台灣多一倍，GDP per capita台灣一直領先南韓，近年卻被超過。1999年：台灣是US＄13,611，南韓是US＄9,555。但2009年南韓超過台灣，台灣是US＄16,392，南韓是US＄17,074。(根據IMF的數據)

當然，問題不僅是GDP，而是整個經濟體系、總和國力、國際地位的全面性發展。以此比較，國與國比，台灣比南韓，真的越比越讓台灣人喪氣、失志。

2010年8月27日，耶魯大學名歷史學家、國際安全研究中心主任甘乃迪(Paul Kennedy)教授，在《紐約時報》發表論文《為什麼南韓不是亞洲的瑞士》(*Why South Korea Isn't Asia's Switzerland*)。甘教授的歷史經典之作是「《*The Rise and Fall of the Great Powers*》(《大國的崛起和沒落》)。他每年暑假都去首爾大學教授國際關係。今年剛教完課返美，有感，故著該文。

他說，一下首爾的Incheon機場，就看到了這個一流國際機場的雄偉、清潔，代表的經濟高度發展的先進國家意義。他指出，不僅首爾可以看到世界最多的高級名車(Bentley)，更重要的是南韓已經可以自己生產比美「雙B」

的高級轎車。

　　比起南韓，台灣的桃園國際機場不僅世界三流、四流，最近還臭味四流，臭名昭彰。人家南韓製造的汽車不僅已打入國際市場，還正與日本、歐洲名貴汽車一較長短，而台灣的汽車製造業開步不比南韓慢，但至今沒有外銷，在國際市場根本沒有一點競爭力，影子都沒有。

　　甘教授指出，南韓2010年11月就要召開G-20高峰會議。其GDP已超越不少歐洲國家，預測，2050年南韓將成為世界第2高的GDP per capita國家。

　　他說，經濟上南韓已可成為亞洲的瑞士，但事實上不能，因為地緣政治上南韓不像瑞士、挪威或蘇格蘭有地理天然屏障。南韓一線之隔鄰近一個世界上最瘋狂(maddest)、最不可預料(unpredictable)的北韓，還有支撐該政權的專制中國。

　　南韓還地處世界4大強國、美國、中國、日本和俄羅斯的權勢爭奪交叉地帶。為了國家安全、戰略利益，南韓雖非心甘情願但必須與民主美國和日本戰略聯盟，與中國和俄羅斯維持權勢平衡。

　　最近，美國和南韓在日本海、黃海區域舉行龐大軍事演習，就是維持這個權勢平衡的戰略表現。

　　甘教授認為，南韓人民雖民族性強悍，不喜歡依賴美國，但還是不願意美國人離開，內心還是在呼喊：「Yankees, don't go home!」南韓人心知肚明，沒有民主美國和日本的戰略聯盟，東北亞的權勢平衡、南韓的戰略安

全絕對沒有保障。

同理，大部分的南韓人都支持強大國防，購買先進武器，以對抗北韓(應也包括中國)的武力威脅。

人家南韓的戰略威脅、目標、政策清清楚楚，敵我意識明確，一點也不含糊。

反看台灣，雖然中國的武力威脅不減反增，戰略處境更為嚴峻，馬英九卻認賊作父，把專制中國當作「終極統一」的祖國，反日情結若隱若現，遠離美國，維持距離，說「Yankees go home!」，永遠不要美國派兵協防台灣。雖口頭上說說，實際行動上根本不積極購買美國先進武器，讓兩邊的戰略平衡嚴重向中國傾斜，台灣簡直成為不設防、中國一打就垮的國家。

當馬英九一意孤行向中國傾斜，簽署ECFA納入「一中」市場的時候，人家南韓雖也和中國維持緊密經貿關係，但絕不把所有雞蛋放在一個籃子裡，而是大力推動國際化，分散風險。

南韓的Hyundai、Samsung、LG、Kia等品牌已打入、甚至爭霸全球市場，台灣根本比不上，沒有那麼多的明牌爭奪國際市場。

《紐約時報》(2010.08.22)報導，南韓政府正斥鉅資在濟州道西歸浦建造佔地達380餘公頃的「濟州全球教育城」。依照計畫，2015年將有12所知名的西方學府在該處設分校。在這個獨立運作的社區內，每一個人，包括學生、老師、醫師、行政人員與店員將只說英文。第一所將

進駐的學校「北倫敦女子學院」已於本月動土。

濟州全球教育城是南韓打造的首座西式教育「飛地」，不僅如此，一些西方學校也在南韓其他地方設立分校。

這股在南韓掀起的風潮只是西方學校全球擴張的一部分，其原因在於亞洲與其他地區的家長希望家人能團聚一起，同時又渴望子女從小學開始就接受更多的英語教育，而政府則希望藉由打造吸引外國投資人的環境而有利於經濟。

人家南韓教育正在快速國際化，我們台灣不僅經濟已經納入「一中」市場，連教育都在快馬加鞭落入「一中」教育，把這些年來才剛起步的台灣化教育再度中國化。

繼簽訂ECFA之後，台灣正準備與中國簽訂教育ECFA(教育合作協議)。教育部長吳清基在全國教育會議中表示，相關內容已送到陸委會，主要是兩岸教育的合作架構及協議。

據了解，教育合作協議內容將包括兩岸教育官方交流、互設機構組織或服務據點、互派人員、協調教育交流程序簡化等各種事務。國家教育研究院籌備處主任吳清山則表示，除簽定教育ECFA，也可規劃兩岸教育最高首長互訪機制。

台灣政府已採認中國學歷，2011年會有2千名中生來台，以後年年增加。同時，台生赴中國唸書的磁吸效應也早已發酵。

　　教育部也在研擬增加短期交換生的人數，把停留1年的中生人數上限1千人，可能再增加到3千或5千人，停留期間也擬由現行最長1年，放寬到1年半以上。

　　馬英九更是在文化上要「一中」統一。他要台灣人民學簡體字，台灣歷史教課書台灣史要減少、中國史要增多。

　　總之，人家南韓國家認同、戰略利益、政策明確，維護國家安全的決心和努力，有目共睹，並正全力、全方位走向全球化的道路。反看我們台灣的馬英九，敵我不分，投降主義，正在經濟、教育、文化各層面走向「一中」統一的滅台死路。

　　馬英九的賣台作法，雖是溫水煮青蛙，但明目張膽，手段粗糙，稍微用心的台灣人一定看得一清二楚。這樣，還讓他胡作非為下去，讓民主台灣被專制中國輕易吞滅，那真是台灣人的悲哀，自作孽不可活。

(2010.08.31)

陸克文的「殘酷現實主義」

2011年五都大選前，充滿樂觀心情回國觀戰。投票前夕，爆發連勝文槍擊事件。當夜連戰看過槍傷的兒子後趕去站郝龍斌的台，雖只講了幾句話，但滿臉悲痛，和2004年總統敗選當晚氣憤填膺、流露的魔鬼面孔對照，令我不寒而慄，馬上感覺不妙，一顆子彈將扭轉選情，救了馬英九。

選後，國際政治戰場爆發阿山吉(Julian Assange)的維基解密(Wikileaks)事件，如野火燎原，燒遍全球。讀了有關美、台、中、澳等國關係的洩密，尤其有關澳洲前總理、現外長陸克文(Kevin Rudd)對中國政策機密的真實(非外交辭令)發言，除令我更相信我以前比較陸克文(政治家)和馬英九(政客)的看法的正確性，也好奇，如果台灣人讀了維基解密，看到專制中國更邪惡、可怕的面目，會否像連勝文的一顆子彈影響五都選戰結果？

我的立即反應是：台灣人笨瓜一堆，沒那理性民主政治成熟的敏感度，只會情緒(情感)反應，看了連戰滿臉悲情就投郝龍斌、朱立倫、胡志強的票，看了中國的邪惡面孔，恐怕還是被「終極統一」的馬英九牽著鼻子走，投中國國民黨的票。

美國總統歐巴馬和澳洲總理陸克文2007-08年上台後，都被國際政治學者認為向專制中國傾斜、主張連接(engage)、甚至討好中國的新自由主義者(neo-liberalists)。

新自由主義者認為中國快速經濟發展、市場化、全球化，會導致政治自由民主化，與世界主流社會匯合，變成負責任的現代世界主流價值的共同擁有者(stakeholders)。新自由主義的理論大師，就是剛訪問台灣並獲馬英九接見、主張軟實力(soft power, smart power)的哈佛大學教授奈伊(Joseph Nye)。

在北京、聯合國、坎培拉，歐巴馬和陸克文都公開講這些自由主義的話，講得動聽、動人。我因而對陸克文的親中發言更氣結，批判他出賣自由民主人權、出賣民主台灣。

因為，和我一樣，我多年認識的陸克文，雖有其自由主義的理想信念，但也心智雪亮，理性認識中國專制政治的殘暴本性難移，必須有堅定的新現實主義(neo-realist)的認知、定見和政策。要連接中國，更要實力相見，聯合民主國家圍堵專制中國，迫其知難而退，不輕易動武打人，並改邪歸正走民主改革的大道。

最近訪問澳洲的芝加哥大學政治學者米爾歇默爾(John Mearsheimer)，是講究硬實力的新現實主義理論大師。他就反對奈伊的自由主義，認為因應崛起中國，就是要實力對實力維持權勢平衡，才能維持亞太、世界的和平和安定。

但是，3年多來，陸克文讓我失望。2010年6月陸克文

被迫下台，不過，如我建議，他爭得外長位子，仍大有作為。沒有想到，維基解密透露出來的陸克文(及歐巴馬)的真實面目，卻與3年來對外表現的親中面目大異其趣，令我驚喜。

維基解密已公布的美國外交機密，有關美、台、中戰略關係的資訊，有幾點值得重視。

美國和澳洲都明確認為，中國崛起充滿權勢威脅，對自由世界必然產生戰略挑戰、安全威脅，不能等閒視之。

多年來，美國把北韓、伊朗、緬甸、津巴布維等認為是流氓國度(rogue states)，但一直不敢公開也把中國列為流氓國家。不過，在維基解密文件中，美國明顯另有認定，把中國與那些流氓國家視為同類。

在中東問題上，讓美國、澳洲最頭痛的就是伊朗的核武化。維基解密的一件美國國務院文件指出，美國曾一再向中國施壓，要北京阻止北韓經過中國領土運送核武組件到伊朗。該文指出，北韓曾至少10次經過中國運送核武零件到伊朗，證明伊朗核武化與中國、北韓有密切關係。當然，中國與北韓幫助伊朗核武化，絕對不僅是上述10次組件運送。

從澳洲角度，維基解密最引人側目的是，2009年3月28日陸克文和美國國務卿希拉蕊在國務院會面75分鐘留下的機密記錄。

在會談中，陸克文坦言，北京對西藏和台灣態度偏執，一定不手軟，動武可能性大，美國不可沒有動武的準

備。

希拉蕊表示，美國對中國崛起相當憂慮(deep anxiety)。
她問，「你要如何強硬對待你的銀行家？」(How do you deal
toughly with your banker?)。這裡的「銀行家」指的是中國，因
為中國是澳洲最大貿易夥伴。

陸克文回答，他是「殘酷的現實主義者」(brutal
realist)，他對中國崛起採鷹派作風，絕不能讓專制中國
獨霸亞洲，形成中國在亞洲的〈門羅主義〉(《Monroe
Doctrine》)。他說，假如「單邊強硬」及「多邊連接」
(multilateral engagement with unilateral vigor)都無法讓中國融入國際社
會變成負責任的國家，美國必須準備用武(deploy force)。

陸克文還說，澳洲對中國軍力的快速加強非常注意，
也在澳洲的國防上有所準備，採取因應措施。

在同一文件中，陸克文還替西藏說話，建議美國說服
中國讓西藏有一定程度的自主自治。他還批評胡錦濤，說
胡比江澤民還差。這和他2007年一上台就前往北京和胡錦
濤握手言歡給人的印象不同。

維基解密彰顯的陸克文的嚴厲現實主義，在我10多年
來對他密切注意的一言一行中，公開或私下場合，都沒看
過。在國務院與希拉蕊機密會談中說出如是尖銳、強硬的
現實主義的話，一定是他真實的想法。

令我驚訝，也令我驚喜。反看台灣的馬英九，被「終
極統一」迷障圍困，根本沒有陸克文的「殘酷現實主義」
的理性政策的認知、思考和信念。再次證實我認為陸克文

是政治家、馬英九是政客的看法沒錯。

　　台灣有馬英九、沒有陸克文，是台灣2300萬人民的大不幸。

(2010.12.10)

不對稱的戰略關係

　　10年來，澳洲與中國的經貿關係一直跳躍成長，中國由第3迅速變為澳洲第1大貿易夥伴。在2008年的全球金融海嘯危機中，澳洲因為生產資源繼續大量出售中國而避免了經濟衰退。可見中國市場對澳洲經濟的重要性。

　　但是，在國際政治權勢、戰略關係上，因為自由民主與專制獨裁的文明價值衝突，澳、中一直處於一定的緊張敵對狀態。2007年工黨的陸克文擊敗執政近12年的自由黨的何華德，取得政權。

　　一上台，陸克文急忙跑去北京，和胡錦濤握手言歡、稱兄道弟。在北京大學演講，他展現華語才華，驚豔北大學子，也驚動北京中共領導及全國人民。他自稱「中國的諍友(true friend)」，得意洋洋，說了應重視西藏人權、自由民主普世價值的話。

　　這個中國通簡直不通，根本不知道他在「天朝」犯了大忌，讓胡錦濤等「天國皇帝」顏面盡失。之後，陸克文在國際政治舞台上，雖得美、日諸國的支持，在氣候變遷、G20、ASEAN、APEC、UN等場合努力扮演折衝連橫的魯仲連角色，卻處處踢到中國的鐵板，受到北京的阻擾、甚至羞辱。

　　3年任期中，除了出席北京奧運，他再也沒有國是訪問中國。2009年他還在華府與國務卿希拉蕊會談中表示，中國威脅日益嚴重，美國要有戰略準備與中國一戰。

　　2010年6月，陸克文被黨內派系鬥爭黯然下台，副總理吉拉德(Julia Gillard)取而代之。吉拉德對中國敬而遠之，禮貌話外，沒有說過幾句實質改善澳中關係的話。她也沒有急著想去北京朝拜。澳中經濟關係持續平穩發展，兩國戰略關係卻也繼續敵對僵持不下。在劉曉波獲諾貝爾和平獎的爭議上，吉拉德和歐巴馬講了一樣讓北京氣結的話。

　　2011年2月7日，澳洲頗有名望的戰略學者Ross Babbage教授發表了一篇論文《澳洲2030的戰略優勢》(*Australia's Strategic Edge in 2030*)，馬上引起騷動。

　　Babbage目前是戰略研究機構 Strategy International的負責人，又是與澳洲國防部密切合作專門研究澳洲戰略問題的智庫 Kokoda Foundation的創建人。他是2009年澳洲國防白皮書撰寫的特別顧問，曾任職澳洲國安及國防部，也曾是澳洲國立大學(ANU)戰略與國防研究中心主任及倫敦國際戰略研究所的理事，在國際戰略研究界有很高的地位。

　　我曾和他一起開過戰略安全會議，對他印象深刻。

　　他最新發表的論文重點是：中國武力快速崛起，發展新型戰機(J20)、彈道及巡戈飛彈、核力潛艇、航空母艦等先進武器，並在電子戰爭(cyber-warfare)上大量投資，發展高科技，頗有斬獲。其武器系統已快要直接威脅澳洲國安戰

略利益，不容忽視。

他指出，中國武力崛起雖突飛猛進，但在未來20年、甚至更長期間內還沒能力打敗超強美國。美中戰力差距還很大，仍不對稱。不過，中國軍事擴張已明顯改變東亞權勢平衡戰略局勢，在近年內可能發揮一定戰略阻嚇作用，阻擾美國和其盟邦在西太平洋、如台灣海峽、東、南海及黃海、日本海等區域的戰略投射能力。

明顯的例子就是，如果中國武力犯台，美國根據TRA要派兵協防台灣，中國將有能力動用潛艇、戰機、巡戈飛彈攻擊美國航母戰鬥群、發動電子戰爭破壞美軍通信衛星、網際網路命令系統，癱瘓美軍作戰能力，讓美國原有的介入和阻絕能力無法發揮作用。雖還不能打敗美國，但也會讓美國三思、卻步，不敢輕易插手台海戰事。

這就是所謂兩國軍力差距還大、以小博大仍可奏效的不對稱戰爭(asymmetric warfare)戰略。

Babbage認為，中國越來越有此不對稱戰爭的戰力，不容美國忽視。他也因而反過來看，認為面對武力崛起中國，澳洲、日本、南韓、台灣等國，也可、也應有樣學樣，發展同樣的不對稱戰爭的戰略、戰力，就像中國對美國，也對中國玩起一樣的捉迷藏的戰爭遊戲。

他劍及履及，建議澳洲大量向美國購買最先進的核力攻擊潛艇(12艘)、巡戈和彈道飛彈，先進戰機(F35、F22)，並建構強有力的電子戰爭能力。

他還大膽建議，中國武力越崛起，澳洲與美國的戰略

關係應更密切。是故，澳洲應像日本、南韓一樣，讓美軍在澳洲本土建立軍事基地，進一步加強雙邊戰略合作。

這個建議相當大膽。馬上引起反彈，尤其是目前主導澳洲國立大學親中路線的戰略學家，如Hugh White教授(前國防部Deputy Permanent Secretary及澳洲國立大學戰略與國防研究中心主任)，立即發表反駁論述，認為Babbage的說法屬於二次大戰後美蘇冷戰的陳腐思維，過時、危險。

不過，《澳洲人》報(The Australian)的資深外交評論員Greg Sheridan，卻稱讚有加，認為Babbage的論文非常重要(vitally important)，切中時弊，內容紮實，有數學般的典雅(mathematical elegance)。他非常贊成大肆國防建設，發展對中國不對稱戰爭的戰略思考。

更重要的是，目前澳洲國防部的戰略決策菁英大都傾向Babbage的想法。他們撰寫的國防白皮書較接近他的現實主義的戰略思維。

Babbage的不對稱戰爭的戰略思考，在當今國際政治現實主義的理論上，並非創新之作，實已老生常談。不過，在澳洲對中國的戰略關係上倒是第一次被如是明確指出，故造成一定震撼作用。

其實，比起澳洲與中國，在台灣與中國的戰略關係上，不對稱戰爭、戰略的觀念更適切、管用。除非像馬英九一樣，已在「一中」原則下放棄台灣國家主權、國防和外交，不再視中國武力崛起為致命威脅，不然，台灣求生之道別無他途，要像Babbage所說一樣，發展不對稱戰爭

的戰略思想、準備、能力，購買先進戰機、潛艇、飛彈及
發展高科技的電子戰爭能量，並與美國盟邦發展更密切的
戰略關係。

(2011.03.04)

澳洲拒絕華爲

2012元月，馬英九連任成功，520就任前就急著推動他的終極統一政策，國民黨榮譽主席吳伯雄跑去北京和中共主席胡錦濤國共會談，提出「一國兩區」的兩岸關係定位論述。在北京對胡錦濤提「一國兩區」，不僅中國，連世界其他各國都認爲，台灣正在急速香港化，承認是中國的一(特)區，台灣總統馬英九實質成爲「區長」(特首)。

同時劍及履及，馬英九宣布將再度放寬中資投資台灣企業、投標台灣公共工程。這是一個輕率、盲目的大膽開放，無視專制中國仍未放棄武力併吞民主台灣的野心、威脅，令人錯愕，無法認同。

最近澳洲政府因爲擔憂中國的網路滲透、破壞澳洲國安系統、戰略佈局，禁止中國電信業巨擘華爲(Huawei)技術公司投標澳洲的國家寬頻網路(National Broadband Network, NBN)建設計畫。

澳洲檢察總長羅森(Nicola Roxon)表示：「國家NBN是澳洲資訊基礎建設的骨幹，政府有責任竭盡所能保護寬頻計畫和資訊承載的完整。」總理吉拉德在南韓首爾開核子高峰會議，也說了同樣的話。

他們都只簡略低調說明。其實大家心知肚明，理由是

澳洲視中國為威脅，華為是中國威脅亞太地區、甚至全球安全的戰略利器。

我有澳洲國安單位的朋友告知，他們就是如是認定華為，並以此建議吉拉德政府拒絕華為參與NBN。

華為在美國同樣被認為是威脅國家安全的中國戰略武器，被禁止參與美國電信基礎建設工程。

北京政權反彈，譴責澳洲作法，呼籲坎培拉改弦更張，讓華為投標NBN。

澳洲的NBN是澳洲有始以來最大的公共工程，將花費360億澳幣興建，建好後高速寬頻網路將普及全國。

華為是世界第2大生產、銷售通信設備的科技公司，排名在瑞典愛立信(Ericsson)之後。總裁任正非1980年代曾任中國人民解放軍少校工程師。他能20多年就把華為建造成世界第2大通信科技公司，絕對是中國政府、解放軍戰略部署、支持、控制的產物。其國家資本主義的軍國主義本質，再怎麼民營化漂白，也難掩飾。

華為已在澳洲發展業務多年，政商關係綿密，有前外長唐納(Alexander Downer)、南威爾斯州前州長(John Brumby和Kristina Keneally)、甚至退役將領(John Lord)等重量級人物當其澳洲分公司的董事，還邀請很多政治人物，如反對黨外交發言人(Julie Bishop)、財政發言人(Andrew Rob)等，到中國訪問，接受高級招待。

對這次NBN爭議，唐納就公開挺華為說，政府認為華為是國安威脅相當荒謬。他挺華為引起全國譁然，澳洲

朝野兩黨，還有大多數民意、媒體評論，都支持政府的拒華為作法。

中國目前是澳洲最大貿易夥伴，澳洲必須與中國建立密切經貿關係才能維持經濟繁榮。沒有生產資源的大量輸出中國，澳洲不可能如是順利度過這幾年的全球金融海嘯，維持讓美、日、歐盟等已開發國家羨慕不已的高速發展。

但是，因為價值系統的文明衝突，和美國、日本、南韓、印度、印尼等民主國家一樣，澳洲視專制中國為安全威脅、戰略敵人。因此，他們，還有其他東南亞諸國，如新加坡、越南、緬甸，都歡迎美國戰略重心由歐洲、中東轉向東亞、東南亞、南亞移動。

越戰後，澳洲長期有股反美情結，雖有ANZUS Treaty，但一直不讓美國駐軍澳洲。因為中國崛起，澳洲最近才同意美軍在靠近南中國海和印度洋的北領(Northern Territory)長期駐軍，人數將達數千美軍。

北領案年初才確定，又被《華盛頓郵報》報導，美軍可能在澳洲在印度洋的可可斯島(Cocos Island)建立空軍基地，讓其無人駕駛的高空偵察機(drone)可以飛越東南亞、南亞、南中國海等地，對中國在這些區域的權勢擴張，產生戰略遏阻作用。

中國武力崛起對澳洲還不是立即明顯的威脅，對台灣雖非立即、卻是明確的危險。但馬英九不僅經濟上大肆向中國傾斜，深陷「一中」經濟，無法自拔，還像二戰前的

英國首相張伯倫在作海市蜃樓的白日夢，低聲下氣、投降主義地向中共政權乞求短暫、甚至是虛幻的和平和安定。

看澳洲，再看台灣，馬英九已沒有維護台灣國家主權的願望和決心，故派吳伯雄進京(北京)奉上「一國兩區」的厚禮。他不僅外交休兵，已無爭取國際主權認同的意願和鬥志，還國防休兵，不再積極購買先進武器、維持一定的自衛軍力。他更文明價值混亂，不視獨裁專制中國爲敵、自由民主美國爲友。

未來4年，馬英九要把台灣地區(香港)化、出賣台灣國家主權、傷害台灣人的自由民主到什麼程度，實在令人擔心。台灣人民要維護台灣的主權獨立、自由民主，不讓馬英九的隱匿式統一(unification by stealth)得逞，恐怕非有不斷激烈抗爭行動不可。

他山之石可以攻錯，馬英九能像澳洲拒絕華爲嗎？我懷疑。

(2012.04.03)

後記：2012年7月初，中國國務院批准，撤銷海南省西沙群島、南沙群島、中沙群島辦事處，設立地級三沙市，管轄西沙群島、中沙群島、南沙群島的島礁及其海域。 三沙市人民政府駐西沙永興島。

2012年7月3日，美國國務院發佈新聞稿，對南海日益升高的緊張情勢表示關切，並明確批評中國成立三沙市和軍事警備區的新作爲。新聞稿指出，在南海

議題上，最近包括黃岩島事件等一系列的發展，尤其是中國將三沙市的行政層級升級並駐軍管轄，違反了解決爭議的集體外交努力，增加了緊張情勢升高的風險。

7月4日，中國外交部發言人秦剛反批美國國務院此一聲明「罔顧事實，混淆是非，發出了嚴重錯誤信號」，中國對此表示「強烈不滿和堅決反對」。

7月12日，儘管美國力促東南亞國家與中國設法解決南海主權爭執，在金邊落幕的東協(ASEAN)論壇，未能就南海爭議研擬出共同聲明，使這項年度會議未能達成就此爭議發表外交公報的目標。《紐約時報》指出，中國對幕後折衝產生很大的影響力。

釣魚島風雲

日本、台灣(ROC)、中國都說，釣魚島是它們的「固有領土」，都找一堆歷史、地理、地質證據，有理、無理都硬拗，證明它們各自的claims（聲稱）。

中國的釣魚島「自古就是中國的領土」之說，是「講古」，沒有任何國際法的意義。馬英九和北京都提《馬關條約》和《開羅宣言》，問題是「條約」和「宣言」都一字沒提釣魚島。《馬關條約》割讓台灣、澎湖給日本，其明定的經緯度就不含釣魚台，因當時清國不認爲釣魚台屬於台灣，也不屬於清國。

1895年四月馬關條約簽訂之前3個月，日本內閣即核准沖繩縣在釣魚台設立國標。可見它和《馬關條約》之割讓台澎是兩回事。

馬英九和中國更不敢提二戰後的《舊金山和約》(1951)和《中(ROC)日和約》(1952)，因爲兩個和約只明訂日本放棄台灣和澎湖的主權，並沒有說明放棄給誰，也即「台灣地位未定論」的國際法的根源，當然更沒提釣魚島。

國民政府在戰後代表盟軍接收台灣、澎湖，不包括釣魚台。1960年代台灣國立編譯館出版的地理教科書或是國防部出版的地圖，都是把釣魚台列爲琉球群島的一部分，

都沒有劃入ROC的領土範圍，甚至連名詞也用日本的稱呼「尖閣群島」。

二戰後琉球群島和釣魚島受美國託管，1972年美國把兩地的行政權交還給日本，並在《美日安保條約》下把釣魚島納入安保範圍。

這些歷史事蹟都是有效國際法明文規範的現實。

2012年4月17日，日本東京都知事石原慎太郎聲稱，東京市政府計劃從私人擁有者手上，購買釣魚島，以捍衛日本領土，他透露，釣魚台擁有者已同意出售。石原的大動作在東海擊起千層浪。

馬英九和北京都跳腳。馬英九大叫「寸土必爭」，還派軍艦保護香港和台灣的保釣船，載著兩地的保釣人士高舉五星旗(他們忘了帶青天白日滿地紅)，登陸釣魚島，被日本海巡部隊捕抓、遣返。

9月7日，馬英九總統在海空軍嚴密保護下視察北方離島彭佳嶼，宣示釣魚台主權，並提出東海和平倡議「行動綱領」，呼籲台、中、日三方針對漁業、礦業、海上安全、海洋研究與環保、東海行為準則等五項議題，先進行「三組雙邊對話」，再進展到「一組三邊協商」，以區域和平與資源共享為目標。

彭佳嶼在台灣與釣魚台之間，離釣魚台140公里。馬英九的「三組雙邊對話」，第一個不會接收的就是中國，日本也不會接受，因為中日兩國都不承認台灣(ROC)是主權國家。

　　針對馬英九登上彭佳嶼宣示ROC對釣魚台列嶼的主權，大陸海協會副會長王在希表示「樂觀其成」。

　　9月11日，日、中、台三國釣魚台主權之爭升高，日本政府購買釣魚台列嶼收歸國有由內閣會議快速拍板定案，與地主簽約。日本政府向埼玉縣民栗原家族購買的島嶼，是釣魚台群島五個小島之中的「釣魚島」、「南小島」和「北小島」3個島，另外的「大正島」早已屬於日本政府所有，「久場島」則由政府向所有人長期租用，做為美軍靶場。

　　日本的快動作引發中國強烈反彈，除了召見日本駐中國大使丹羽宇一郎抗議，並公告釣魚台列嶼的領海基線，形同宣告釣魚台周邊海域為「中國領海」。

　　中國聲稱，「釣魚台是中國台灣的附屬島嶼」，「從來就不是什麼無主地，中國是釣魚島等島嶼無可爭辯的主人。」不只吃台灣豆腐，還不知所云。

　　台灣外長楊進添「約請」日本駐台代表樽井澄夫到部，對於日本執意將釣魚台國有化，侵害ROC主權，向日方表達強烈抗議、嚴厲譴責，並要求撤回決定。外交部同時指示駐日代表沈斯淳向日本政府提出強烈抗議，並電召沈斯淳以最快速度回國，就釣魚台事件向政府詳細報告。

　　中國官方繼宣布釣魚台及附屬島嶼的領海基線後，國家海洋局的國家海洋預報台，發佈釣魚台海域的海洋環境預報，以宣示主權。官方並透過中央電視台及新華社等官

媒放話，已派出國家海洋局所屬的兩艘海監船，抵達釣魚台外圍海域，視情況展開維護主權的行動。

9月12日，中國國內繼續出現反日示威人群，軍方更是反應激烈，除了國防部發言人耿雁生表示「保留採取相應措施的權力」，中國媒體也報導，南京、濟南、成都、廣州四大軍區舉行軍事演習，明顯針對日本。

9月13日，馬英九出席國史館舉辦的建國100年國際學術研討會時再次強調，我方對釣魚台的主權立場就是「寸土片石，在所必爭」。

中國趁釣魚台爭議將領海基線劃到釣魚台海域，還宣稱釣魚台是「中國台灣」的附屬島嶼，馬英九在抗議日本外，卻對中國傷害台灣主權沒出聲反駁，等同默認中國說法，使台灣在釣魚台爭議中，淪為中國的一部分，成為中國附庸。

馬英九對釣魚台「寸土必爭」，卻對99％的ROC「固有領土」被中共竊占，不哼一聲，不僅不再「寸土必爭」，還「不否認」中共「治權」，並和北京遙相呼應對抗日本。

9月14日，6艘中國海監船無視日本海上保安廳巡邏船的警告，先後駛入釣魚台12浬領海，直到中午後才離開，這是中國宣布釣魚台列嶼領海基線後，首次在該海域「巡邏執法」，更寫下一次出動6艘船艦的空前紀錄，引發日本強烈抗議，日中兩國關係升高到兩年前船隻擦撞事件以來的最緊張時刻。

除派海監船展示實力外，中國也從法律面下手，向UN秘書長潘基文，提交了釣魚台列嶼領海基點基線座標表和海圖，履行了《UN海洋法公約》所規定的義務。

正當亞洲的領土爭議升溫之際，美國國防部長潘尼塔(Leon Panetta)啓程訪問日、中、紐3國。中日的釣魚台爭議及韓日之間的竹島(獨島)爭議都是潘尼塔會談的重點。

美國防部發言人在記者會上表示，日美同盟是50多年來維持亞太安全與繁榮的基石，做爲美國亞洲再平衡戰略的一部分，美國正對這份新的同盟關係做新的投資，美方頻頻訪日，顯示對日本同盟及日本安全不動搖的承諾。

之前，國務卿希拉蕊曾經非常明確地表示，「釣魚台在《美日安保條約》的範圍」。

9月15日，日本將釣魚台列嶼國有化後，中國至少有70個城市出現一波波反日示威潮且有激化情形，出現破壞日資百貨、超市和餐廳等打砸搶事件，爲避免損失和維護自身安全，一些日資企業已經宣佈暫時停業。

新華社16日也引述新京報社論強調，「在保釣問題上，絕不能允許以維護國家利益爲藉口，拋棄法律，傷害其他公民的合法權益。」「民衆在表達愛國熱情的同時，也要意識到，要理性愛國、文明愛國、守法愛國。愛國，不需要民粹和暴力，不需要以犧牲國內正常社會秩序爲代價；愛國，必須向『打砸搶』說不。」

北京已開始警覺到示威演變爲暴力事件，恐不利於即將召開的中共18大，進而影響中共領導換屆。

　　日本《朝日新聞》則以「台灣軟化徵兆，積極與日本談判漁業」爲題，報導台灣在這一波的釣魚台主權爭端「態度軟化」。

　　9月17日，正在訪問日本的美國國防部長潘尼塔強烈呼籲日中兩國和平解決釣魚台紛爭。潘尼塔先後與日本外相玄葉光一郎及防衛相森本敏進行會談。美日並達成協議，將於日本境內部署另一座新的飛彈防禦雷達。由於時機敏感，潘尼塔特別強調，這是爲了反制北韓威脅，非針對中國。不過，這座雷達偵搜涵蓋中國，作用不言而喻。

　　潘尼塔在與玄葉會談中，針對釣魚爭端表示，日中兩大亞洲經濟體關係良好，對大家都有利，呼籲兩國和平解決。他表示美方對釣魚台主權不持任何立場，但也重申美國信守《美日安保條約》的義務。

　　9月18日，中國的反日示威活動在「918」(1931年日本在東北爆發918事變)達到高潮，全國123城市舉行示威遊行，北京日本大使館及各地領事館前超過萬人集結，由於中國投入大批武警，群眾的行動相對受到控制。不過持續8天的示威活動，讓日中關係陷入谷底，許多交流活動紛紛宣布取消或延期，日媒傳聞預定27日在北京舉辦的「中日建交40週年紀念慶典」也可能取消。

　　不過，在中國公安部隊的強勢掌控下，123個城市的萬人示威遊行，都沒有失控，平安落幕。

　　9月19日，日本海上保安廳確認釣魚台附近海域已出現十五艘中國官方船隻，大部分在日本宣稱的領海外側鄰

接水域穿梭。而爲了加強釣魚台海域警戒，海保廳決定調派五十艘巡邏船至該海域。

日本巡邏船曾向中國漁政船提出警告，勿駛入日本領海，中方船隻則回答「正執行正當業務」，雙方並未發生衝突。

同時，中國反日狂潮，也暫告平息，中國政府開始爲相關示威活動降溫，街頭恢復平靜。

9月22日，日本陸上自衛隊和美軍在關島舉行離島防衛聯合軍事演習，首度實施登陸作戰，模擬離島遭到侵略而進行奪島軍演，並對日本等國媒體公開演習狀況。日媒報導，在釣魚台事件引發日中緊張狀況升高的此刻，日美舉行收復離島軍演，對中國來說「相當刺激」。

日媒報導，此軍演是爲落實日美「行動防衛合作」，目的在加強雙方實戰共同訓練，強化對應中國軍事崛起的抑制力。

9月24日，爲了抗議日本將釣魚台「國有化」，台灣的60多艘漁船從台灣蘇澳港出發，台灣海巡署派遣10艘巡邏艦護船，抵達釣魚台12海浬外側的「鄰接海域」，並有2艘漁船闖入12海哩，台灣巡邏艦與日本海上保安廳的巡邏艦互噴水柱，數小時後台灣漁船平安回返，沒造成傷害。

台灣漁船保護傳統漁場的示威抗議本來出師有名，行動也理性和平，但因親中的旺中集團老闆蔡衍明出錢(400多萬台幣)支付魚船的油費，而讓人感覺中國陰魂不散，不

是純粹的台灣人的抗日活動。

至此，這場釣魚台風雲的歹戲拖棚，演得也差不多了，台、日、中三方都感不妙，不玩了。我的好友李筱峰(《自由時報》，2012.09.16)找出了另一位是與我有「先敵後友」關係的孤影(敏洪奎)的老文章，來評論這場歹戲拖棚，還真一針見血。

李筱峰說：「40年前，當那群(包括馬英九在內的)所謂「保釣」青年，拿著中華民族主義大旗在叫囂著抗日的時候，署名『孤影』的敏洪奎先生，發表一篇〈一個小市民的心聲〉，澆了他們一盆冷水，今天看來依然清新……」

他引孤影當年的話：

「有人會高呼：誓死維護領土主權完整，擁護政府武力保衛釣魚台，全國青年誓為後盾！小市民按：維護領土主權完整，這個口號何等響亮，誰敢反對領土主權完整？但事有輕重緩急，日本雖未必是我們的生死盟友，也不是我們的生死大敵，日本國內有強大的親中華民國派，有更多的人主張維護中華民國的存在，以減輕毛共對其本國的威脅。我們不爭萬里江山，而爭釣魚台小島，是不是不分輕重緩急？我們如果真出動武力保衛釣魚台，用海空軍去炸射日本人，是不是迫使同情我們、支持我們的日本人掉過頭來反對我們？我們不全力應付嚴重威脅我們生存的大敵，而去跟我們有唇齒關係的日本攤牌，是不是跟自己過不去？……」

其實當年孤影是替蔣家父子講話，不要馬英九那一批

「憤青」亂搞民族主義，搞壞他們的反共大業。蔣介石根本認為釣魚台屬於日本。

馬英九當年搞民族主義，在台灣搞不起，今天在台灣更搞不起，他連當唐吉訶德打風車都打不起，因為台灣沒風車。他在哈佛寫國際法的博士論文，寫的就是釣魚台，但他找到的國際法根據，實在相當薄弱無力。

台灣不是正常的主權國家，不是UN會員國，要把釣魚台的爭議帶去國際法庭都帶不出去，沒人理。

為了釣魚台，馬英九被中國吃豆腐，主權被北京強姦了，他啞巴吃黃連有苦說不出，沒哼一聲。台灣又武力日益衰弱，根本沒有muscles(肌力)可flex(伸張)，只能藏在中國背後握拳頭，有氣無力，讓人看衰。他很無奈，雖心裡很願意「聯中反日」，但台灣太多人反對，他也不敢明目張膽去做，只能by stealth(隱匿式)去做，像小偷、真難看。

馬英九實在動輒得咎，三邊不是人，老馬技窮了，乾脆用徵文比賽、發行釣魚台郵票來宣示釣魚台主權，也真讓人嘆為觀止。

中國的航空母艦「瓦雅格號」的改裝還有一段時日，能不能打戰，還說不定，自造的航空母艦，影子都還沒有，要搞成能挑戰美國的龐大航空母艦戰鬥群的戰力，10年、20年都恐怕搞不成。

中國這次權勢恣態(power posturing)很高，但其權勢投射(power projection)要很遠、很強，還沒法度，只能虛張聲勢一番。

中國國內的民族主義，是雙刃刀，可以砍日本，也可以砍中國共產黨的專制政權。全國一片反日示威活動，越搞越大，嚇壞了日本人，也嚇壞了中南海諸公。

不過，這次釣魚台風雲擊起的中國民族主義、軍國主義、反西方帝國主義，加上國家資本主義帶來的權勢崛起，合起來絕對是「死亡結合」(deadly combination)，令人怵目驚心。

武力崛起的中國兩年來已在南海、東海flex muscles。專制的帝國中國不僅一定威脅民主台灣的生存，也必然威脅亞太地區的和平與安定。

至於台灣，924的漁船示威後就傳出，海巡署派的巡邏艦太落後，連噴水都噴不過日本的巡邏艦，而且今年的油錢預算用玩了，沒錢再出航保護漁船。雖是傳說但也傳出了台灣軍力衰弱的現實。這樣的權勢弱國，要玩「固有領土」的爭奪戰，還真讓人看衰、見笑。

(2012.09.25)

第四輯　結 語

　　民心如水，可以載舟，也可以覆舟。

　　到頭來，要獨、要統，雖然要嚴密觀察北京和華府的動向，不能輕舉妄動，但終極來看，台灣的前途絕不在華府，更不在北京，而在台灣，還是要由2300萬台灣人民決定。

　　台灣人要獨立建國必先自我覺醒成為獨立的國民，自助才會有人助，才會受世人、尤其是民主國家的人民的同情、尊重、支持，也才能獨立生存在權勢風雲變幻的當代世界。

結語

奇怪耶！中國。

中國崛起本來是好事，應獲世人贊同；但從太平洋那一端的美國，到東北亞的日本和南韓、東南亞各國、包括共黨專政的越南，再到南太平洋的澳洲和南亞的印度，甚至歐盟諸國，都對中國崛起有疑慮，視爲威脅。

從民族主義的視野，中國認爲這些國家都是種族歧視，欺負中國人，不願意看到中國富強，嫉妒中國崛起，非要壓制、圍堵中國不可。

此說雖非一點道理都沒有，但歪理一大堆，強詞奪理，禁不起理性駁斥。

最重要的問題是，從老毛、老鄧到胡錦濤，他們從來沒有反躬自省：爲什麼那麼多國家、幾乎所有民主國家，都對中國崛起有疑慮，視爲威脅？中國共產黨眞的站在歷史錯誤的一邊？獨裁專制、迫害人權？中國眞的不能民主？中國眞的都對、別人都錯？中國不欺負人？都是人家在欺負中國？

可惜，問這些問題，白問，「中央帝國」(Middle Kingdom)的領導是「天子」(son of heaven)，不能認錯。

奇怪耶！馬英九。

　　差不多所有民主國家都視崛起中國為威脅，中國更是講明了，台灣不和中國和平統一，根據他們自己制訂的《反分裂國家法》，中國就要武力併吞台灣。為什麼馬英九不視崛起中國為威脅？不與世界民主國家一起因應中國崛起？不堅持民主台灣是主權獨立國家？而讓中國溫水煮青蛙、一步一步蠶食台灣？

　　在民主台灣，馬英九當然有當「中國人」、主張與中國統一的自由和權利，但他心知肚明，他絕對沒有「人民授權」(people's mandate)接受專制中國的「一中」原則，推動「兩岸一國」的統一政策。

　　近5年來，馬英九雖硬拗沒出賣台灣主權，但他一步一步陷入中國的「一中」陷阱。再讓他搞3年，要「一中」統一，雖還沒那麼容易，但應已落入崛起中國的「兩岸一國」魔掌，要脫身，很難。

　　在國際政治上，馬英九已把台灣玩完了。馬英九不再申請入聯(UN)，卻經過北京許可、默認「台灣是中國的一省」、接受一年一函的邀請、以非主權國家的觀察員身份參加WHA一年一度的年會，就得意洋洋，吹噓是重大外交突破。

　　和中國外交休兵，北京不再發錢挖台灣的23個迷你小國的外交關係，馬英九就心滿意足，還感謝胡錦濤的善意。被暴徒強暴了還感謝他，真讓台灣人情何以堪。

　　不管從經濟、科技、教育、衛生或民主政治發展的程度來評斷，台灣都名列前茅，站在世界195個國家的前30

名,卻是唯一不是UN的會員國,只被23個迷你小國承認是主權國家,其他172個國家都不承認台灣主權存在,是合乎國際法的正常國家。

馬英九的台灣(ROC),根本走不出「國」門,一出門就變成「Chinese Taipei」、甚至「Taiwan, China」,馬英九還自我感覺良好,眞讓台灣人感覺這位仁兄「奇怪耶!」。

非常詭異,大部分的台灣人(約80%)反對和專制中國統一,卻有過半數(51和57%)的台灣人投票給統派的馬英九,讓他兩次當選總統。

爲什麼這樣?理由很多,很多台灣人希望「維持現狀」(maintaining status quo),是理由之一。

馬英九「不統、不獨、不武」贏得選舉,就是聲稱要「維持現狀」。美國等民主國家支持台灣但也堅持「維持(台海)現狀」,反對阿扁「製造麻煩」,改變台海現狀。

問題是,「維持現狀」是「蝦米碗糕」?大家各說各話,莫衷一是。

台灣現狀錯綜複雜,是動態(dynamic)的,一直不停在變動,不是不變的現狀。

台灣不變不動,等同漸凍人,必死無疑。美國要台灣「維持現狀」、是怕事、怕戰,馬英九的「3不」是投降主義,都是虛擬的假象,短視地看,似乎是活路,長遠地看,死路一條。

因爲中國不停地在改變台海現狀,尤其是權勢平衡,

文攻武嚇，一步也不讓、得寸進尺，在推動「中央帝國」的統一大業。

　　看起來，馬英九統治8年後，台灣前途黑暗。但世事多變，人事無常，3年內馬英九要把台灣賣掉，還真工程浩大，並不容易。3年後台灣人覺醒，民主推翻國民黨政權、再走台灣獨木橋的可能性，還是滿大。

　　民心如水，可以載舟，也可以覆舟。

　　到頭來，要獨、要統，雖然要嚴密觀察北京和華府的動向，不能輕舉妄動，但終極來看，台灣的前途絕不在華府，更不在北京，而在台灣，還是要由2300萬台灣人民決定。

　　假如台灣人能破釜沈舟、團結一致，像茉莉花革命的阿拉伯人，拼了命也要自由民主獨立建國，專制中國要打台灣，出師無名，很難；美國要袖手旁觀，不支持台灣，也很難。

　　我在《空谷足音的南方論述》裡提到推動明治維新的日本思想家福澤諭吉，他的中心思想就是「要有獨立的國家必需先有獨立的國民」。台灣人要獨立建國必先自我覺醒成為獨立的國民，自助才會有人助，才會受世人、尤其是民主國家的人民的同情、尊重、支持，也才能獨立生存在權勢風雲變幻的當代世界。

國家圖書館出版品預行編目資料

走不出門的國家：馬英九的台灣／邱垂亮著.
－－初版.－－台北市：前衛，2013.08
264面；15×21公分

ISBN 978-957-801-707-8(平裝)

1. 臺灣政治　2. 時事評論　3. 文集
573.07　　　　　　　　　　　102008511

走不出門的國家——馬英九的台灣

著　　　者　邱垂亮
責任編輯　黃紹寧
封面設計　陳信宇
電腦排版　宸遠彩藝
出 版 者　台灣本鋪：前衛出版社
　　　　　　10468 台北市中山區農安街153號4F之3
　　　　　　Tel：02-2586-5708　　Fax：02-2586-3758
　　　　　　郵撥帳號：05625551
　　　　　　e-mail：a4791@ms15.hinet.net
　　　　　　http://www.avanguard.com.tw
　　　　　　日本本鋪：黃文雄事務所
　　　　　　e-mail：humiozimu@hotmail.com
　　　　　　〒160-0008 日本東京都新宿區三榮町9番地
　　　　　　Tel：03-3356-4717　　Fax：03-3355-4186
出版總監　林文欽　黃文雄
法律顧問　南國春秋法律事務所林峰正律師
總 經 銷　紅螞蟻圖書有限公司
　　　　　　台北市內湖舊宗路二段121巷28、32號4樓
　　　　　　Tel：02-2795-3656　　Fax：02-2795-4100
出版日期　2013年8月初版一刷

定　　　價　新台幣300元
©Avanguard Publishing House 2013
Printed in Taiwan　ISBN 978-957-801-707-8

＊「前衛本土網」http://www.avanguard.com.tw
＊加入前衛 facebook，上網搜尋前衛出版社並按“讚”。
更多書籍、活動資訊請上網輸入“前衛出版”或“草根出版”。